딱 2번만
읽으면
스스로 가능한
종합소득세
신고

딱 2번만 읽으면 스스로 가능한 종합소득세 신고

초판 1쇄 인쇄 | 2020년 5월 28일
초판 1쇄 발행 | 2020년 6월 04일

지은이 | 택스코디(최용규)
펴낸이 | 박영욱
펴낸곳 | (주)북오션

편   집 | 이상모
마케팅 | 최석진
디자인 | 서정희·민영선

주   소 | 서울시 마포구 월드컵로 14길 62
이메일 | bookocean@naver.com
네이버포스트 | post.naver.com/bookocean
전   화 | 편집문의: 02-325-9172   영업문의: 02-322-6709
팩   스 | 02-3143-3964

출판신고번호 | 제313-2007-000197호

ISBN 978-89-6799-541-6 (03320)

택스코디가 알려주는 절세 필수 팁

딱 2번만 읽으면
스스로 가능한
종합소득세
신고

택스코디 지음

 북오션

세금 신고는 쉽고,
세무 책도 볼 만하다

　　요즘 서점가에는 각종 세테크, 절세 관련 책들이 넘쳐나고 있습니다. 바야흐로 절세의 시대입니다.

　　그런데 책 한 권을 다 읽고도 무슨 소리인지 모르는 경우가 허다합니다. 딱딱한 용어, 비현실적인 사례들 때문에 역시 '세무는 어렵구나' 하고 세무 공부를 포기해 버립니다.

　　'세무는 어렵고, 세무 책은 지루하다?'

저의 첫 책《2시간에 끝나는 부가가치세 셀프신고》가 독자들의 사랑을 많이 받았습니다. 그 이유는 '알기 쉽게 적어서'라고 생각합니다.

그래서 이번 책도 알기 쉽게 쓰려고 노력했습니다. 1년 동안 1000건 이상 세무상담을 하면서 얻은 사례와 종합소득세 계산법, 신고방법, 절세법을 적었습니다.

이 책을 집필한 목적은 앞의 명제를 아래와 같이 바꾸기 위해서입니다.

'세금 신고는 쉽고, 세무 책도 볼 만하다.'

절세는 유능한 세무대리인을 고용한다고 할 수 있는 게 아닙니다. 세금은 사업자 본인이 아는 만큼 줄어듭니다.

첫 장에서는 종합소득세의 출발점인 수입금액과 소득금액의 산정방법, 두 번째 장에서는 추계신고와 장부작성, 세 번째 장에서는 필요경비에 대해서 적었고, 네 번째 장에서는 소득공제 항목과 종합소득세 세율, 마지막 장에서는 세액공제와 가산세를 설명했습니다.

개인사업자의 종합소득세 계산법은 아래와 같습니다.

종합소득세 = (수입금액 − 필요경비 − 소득공제) × 세율
− 세액공제 + 가산세

가만히 살펴보면 목차의 구성은 종합소득세의 계산법을 순서대로 나열한 것입니다. 이 책을 순서대로 정독하면 누구나 종합소득세를 계산할 수 있습니다. 어렵지 않습니다.

세금신고를 하고 회계 상식이 필요하지 않은 간편 장부를 기록하는 개인사업자에게 필요한 능력은 뛰어난 수학 실력이 아니라 산수를 할 줄 아는 정도의 실력입니다. 즉 더하기, 빼기, 곱하기, 나누기 같은 사칙연산만 할 수 있으면 가능합니다. 사칙연산 외에 다른 수식은 사치입니다. 그러므로 누구나 충분히 가능합니다.

물론 복식부기의무자라면 회계 지식 없이는 재무제표를 작

성하기 힘들 수도 있습니다. 하지만 복식부기 장부를 작성하기 힘들지라도 재무제표를 읽을 정도의 능력은 있어야 합니다. 세무대리인이 작성한 재무제표를 확인할 줄 알아야 틀린 부분도 찾을 수 있기 때문입니다.

그들도 사람이기에 실수는 늘 생기는 법입니다. 만약 틀린 부분이 있다면 바로 잡는 것, 이것이 세무대리인을 알고 부리는 것입니다.

모르고 맡기는 사람과 알고 부리는 사람, 둘 중에 누가 더 절세할까요?

절세의 주인공은 바로 당신입니다.

사장님의 절세를 응원합니다.

contents

chapter 2 추계신고와 장부작성

chapter 3 ▶ 사업자 유형과 필요경비

chapter 4 ◀ 소득공제와 세율

chapter 5 ◀ 세액공제와 가산세

세무를 공부하다 보면 용어가 어렵고 헷갈립니다.

용어 자체가 어려울 때도 있고,

다음처럼 같은 용어 같은데 다를 때도 있습니다.

소득과 소득금액은 같은 용어가 아닙니다.

세법에서 정의하는 소득은 벌어들인 총금액을 의미합니다.

소득금액은 벌어들인 총금액에서

비용을 차감한 금액을 의미합니다.

예를 들면, 사업소득은 수입금액을 의미하고,

사업소득금액은 수입금액에서

필요경비를 차감한 금액을 의미합니다.

chapter 1

수입금액과 소득금액

회계사무실
언제부터 맡길까?

세무사, 회계사는 자타공인 세무 전문가입니다.

그들은 세무사 한 명이 세금의 모든 부분을 완벽히 아는 것은 불가능하다고 얘기합니다. 의사들도 전공 분야가 있듯이, 세무사들도 전문 분야가 있습니다.

크게 세 가지(기장대리, 재산제세, 세무조사)로 나뉩니다.

첫 번째는 '기장대리'입니다.

사업자의 부가가치세, 원천세, 종합소득세, 법인세 신고를 대리하는 것을 말합니다.

두 번째는 '재산제세'입니다.

부동산과 관련한 양도소득세 및 상속, 증여세를 내는 데 관여하는 업무가 해당이 됩니다.

세 번째는 '세무조사'입니다.

이쪽 전문 회계사는 세무조사 업무로 발생하는 매출이 거의 대부분을 차지한다고 합니다.

꼭 세무대리인을 써야 하는 상황이 온다면, 해당 업무를 전문적으로 처리하는 곳을 찾아가세요.

개인사업자는 복식부기의무자로 판정되면 세무대리인에게 기장대리 업무를 맡기기를 권합니다.

그러나 요즘은 회계프로그램이 좋아져서 복식부기의무자로 판정되더라도 복식부기장부 프로그램을 사용해 직접 하는 것도 괜찮습니다.

하지만 외부조정대상자로 판정되면 무조건 세무대리인을 써야 합니다.

"회계사무실과 언제부터 거래해야 하나요?"라는 질문을 자주 받습니다.

'사장님이 얼마나 알고 있느냐'에 따라 답은 달라집니다.

저는 "외부조정대상자로 판정되면 그때부터 이용하세요"라고 답하고 싶습니다.

기장을 맡기면
세금이 적게 나온다?

　기장을 하지 않으면 세금폭탄을 맞을 수 있다고 세무대리인
은 말합니다. 세무 상식이 없는 사람이 이런 말을 들으면 불안
해집니다.

　세무대리인에게 기장을 맡기는 이유 중 하나는 세금을 적게
내기 위해서입니다.

　그런데 기장을 맡겼는데, 세금이 많이 나온다면?

　한식 음식점을 하는 최 사장님은 작년 매출이 4000만원이고,
결혼한 지 오래되지 않아 자녀는 없습니다. 매입 자료(재료비,
임대료 등)는 2200만원을 확보해 두었습니다(한식 음식점의 단순
경비율은 89.7%입니다).

최 사장님이 기장을 맡겼을 경우와 본인이 직접 추계신고를 하였을 경우, 종합소득세가 얼마나 차이 나는가를 비교해 보겠습니다.

기장을 맡긴 경우 VS 직접 신고한 경우

구분	기장을 맡긴 경우	직접 추계신고를 한 경우
매출액(수입금액)	40,000,000원	40,000,000원
매입액(필요경비)	22,000,000원	35,880,000원 (단순율로 경비 계산)
소득금액	18,000,000원	4,120,000원
소득공제	3,000,000원	3,000,000원
과세표준	15,000,000원	1,120,000원
산출세액	1,170,000원	67,200원
기장세액공제	234,000원	
납부세액	936,000원	67,200원

세무대리인에게 기장을 맡긴 것보다 직접 추계신고를 한 쪽이 종합소득세가 86만8800원 적게 나왔습니다.

그러므로 기장을 맡긴다고 모두 세금이 적게 나오는 것이 아닙니다. 물론 세무대리인 역시 추계신고를 할 수 있습니다. 여기서 눈여겨볼 사항은 신고 방식과 상관없이 작년에 세무대리인 비용으로 200만원을 추가로 지출했다는 것입니다.

이 책을 잘 읽어보면 종합소득세 계산과 신고는 크게 어렵지 않다는 것을 알 수 있습니다.

모르고 맡기는 것과 알고 부리는 것은 큰 차이가 있습니다. 사장님이 세무 공부를 조금만 해도 알고 부릴 수 있습니다.

수입금액, 필요경비, 소득금액, 소득공제, 과세표준, 세액공제, 추계신고 등 평소 사용하지 않는 용어 탓에 당혹스러울 수도 있습니다. 그러나 분명한 사실은 이러한 용어가 낯선 것이지 어려운 것은 아니라는 것입니다.

혹시 잘 이해가 안 되는 부분은 천천히 반복해서 두세 번 읽어보세요.

지금부터 개인사업자의 종합소득세를 어떻게 계산하고 신고하는가를 살펴보겠습니다.

이번 장에서는 수입금액은 어떻게 산정되는지, 소득금액은 어떻게 계산되는가를 알아볼까요?

우리나라 종합소득세의
도입과 변화

　1934년에 소득세제가 처음 시행되었을 때는 제1종(법인소득), 제2종(이자 · 배당 등 원천과세소득), 제3종(제2종에 속하지 않는 개인소득으로 종합과세대상)으로 소득을 구분하고 종별 소득금액을 각각 계산해 과세하는 분류과세 체계로 운영되었습니다. 제1종(법인소득)은 1949년 7월 15일에 분리해 법인세로 독립되었습니다.

　1968년에는 분류과세와 종합과세의 이원 체계로 개편되었다가 1975년에 소득의 원천이나 종류에 상관없이 모든 소득을 종합해 누진과세하는 종합소득세 체계로 전면 전환되었습니다.

　1994년 이전까지 소득세 확정 방식은 납세자가 신고한 과세표준과 세액을 정부가 결정하는 부과과세제도였는데, 1995년부터 납세자가 스스로 과세표준과 세액을 계산해 자진신고하고 납부하는 신고납세제도를 도입해 현재까지 적용 중입니다.

1993년 8월 12일 '금융실명거래 및 비밀보장에 관한 긴급 명령'이 발동되어 금융실명제가 시행되었습니다. 그에 따라 기존의 예금이 대부분 실명으로 전환되고 금융거래가 투명해져 금융소득에 대한 과세를 정상화하고자 1996년에 금융소득 종합과세를 도입했습니다.

1999년 1월부터는 세무, 회계 지식이 부족한 사업자도 쉽게 장부를 작성할 수 있도록 간편장부를 재정하여 고시했습니다.

그전에는 장부를 기록하지 않는 사업자는 1955년에 도입한 표준소득률 제도로 소득금액을 계산했으나, 이러면 기장신고제도가 잘 정착되지 않고 불공평하게 세를 부담한다는 문제점이 있어 2002년에 기준경비율 제도를 도입해서 주요경비는 적격증빙에 의해 인정하고 나머지 비용은 업종별 기준경비율을 적용해 소득금액을 계산하도록 했습니다.

2011년에는 개인사업자가 성실히 신고하도록 하자는 의도로 업종별 일정 규모 이상의 개인사업자가 기장 내용의 정확성 여부를 세무사 등에게 확인받아 신고하게 하는 성실신고확인제도를 도입했습니다.

종합소득세의 세율은 종합소득 과세체계를 도입한 1975년에

17개 과세표준 구간에 최저 8%에서 최고 70%의 초과누진세율을 적용했다가 수차례 개정해 1991년 6개 과세표준 구간에 최저 5%에서 최고 50%의 세율로 개편하였고, 1996년 과세표준 구간을 4단계로 단순화하고 최고 세율을 40%로 인하했습니다.

2018년 이후부터는 과세표준 7단계, 최저 6%에서 5억원 초과 시 42%까지의 세율로 변경돼 현재까지 적용되고 있습니다.

04

종합소득세 안내문에 표시된 수입금액

세무를 공부하다 보면 용어가 어렵고 헷갈립니다. 용어 자체가 어려울 때도 있고, 다음처럼 같은 용어 같은데 다를 때도 있습니다.

'소득'과 '소득금액'은 같은 용어가 아닙니다.

세법에서 정의하는 소득은 벌어들인 총금액을 의미합니다.

소득금액은 벌어들인 총금액에서 비용을 차감한 금액을 의미합니다.

예를 들면, 사업소득은 수입금액을 의미하고, 사업소득금액은 수입금액에서 필요경비를 차감한 금액을 의미합니다.

소득(수입금액) − 필요경비 = 소득금액

종합소득세를 계산하는 데 필요한 첫 번째 공식입니다.

소득은 수입금액이라고 표기되기도 합니다.

우선 소득과 소득금액은 다르게 사용된다는 것을 숙지해야 합니다.

초보사장님 종합소득세 신고안내문에 수입금액이 표시되어 있습니다. 이 금액은 국세청에서 임의로 표시한 건가요?

종합소득세 신고안내문의 수입금액은 과세연도(전년도)의 매출액을 의미합니다. 개인사업자가 부가가치세 신고를 할 때 작성한 전년도의 총매출액이 수입금액으로 책정됩니다. 면세사업자는 사업장현황 신고 시 작성한 수입금액으로 산정됩니다.

이렇게 결정된 수입금액(소득)에서 사업에 관련된 필요경비를 빼면 소득금액이 산정되는 것입니다.

주의할 점은 국가에서 받은 보조금(예를 들면, 일자리안정자금 등)은 표시되지 않으니 이것은 별도의 잡이익으로 계정을 만들어 종합소득세를 신고할 때 합산해야 합니다.

종합소득세는 1월 1일부터 12월 31일까지의 소득을 합해서 계산합니다. 소득세법에서는 소득을 총 여섯 가지로 구분하였습니다. 아래의 여섯 가지 소득을 합쳐서 계산한 것을 종합소득이라 하고, 소득이 높을수록 높은 세율이 적용되는 누진세율을 적용하고 있습니다.

다시 한 번 말하지만 소득과 소득금액은 다른 말입니다. 소득은 곧 수입금액을 말합니다.

소득금액은 소득에서 비용을 공제한 금액입니다.

종합과세 되는 여섯 가지 소득은 일정 비율만큼 공제가 가능합니다(분리과세로 과세가 종결된 소득은 제외).

- 이자소득, 배당소득: 별도의 공제가 없습니다.
- 연금소득: 연금소득공제(3.3~5.3%)가 가능합니다.
- 근로소득: 비과세소득, 근로소득공제가 가능합니다.
- 기타소득: 60%를 비용으로 인정해 줍니다.
- 사업소득: 사업에 관련한 지출을 비용으로 인정해 줍니다.

종합소득세 신고를 통해 국가는 개인사업자의 소득을 가늠할 수 있습니다.

종합소득세가 산출되면 지방소득세(종합소득세의 10%)가 결정됩니다. 더불어 국민연금과 건강보험을 재산정하는 기준이 됩니다.

그리고 은행 등의 금융권 대출을 받을 때 소득의 증빙자료로 쓰입니다. 개인사업자의 소득을 판단할 객관적 지표로 활용되는 것입니다.

종합소득세는 각각의 소득(이자소득, 배당소득, 사업소득, 근로소득, 연금소득, 기타소득)별로 최종 소득에 합산될 금액을 확정한 다음 이를 모두 더해야 합니다. 모두 더한 최종 소득에 세율을 적용하여 계산됩니다.

세법에서는 거주자의 각 소득에 대한 총수입금액은 당해 연도에 수입하였거나 수입할 금액의 합계액이므로, 인턴사원을 채용하고 고용관리공단을 통해 지급받은 보조금과 근로자직업훈련촉진법에 의해 직업능력개발훈련을 실시하고 노동부 등으로부터 지급받는 보조금은 소득세법 제24조 및 같은 법 시행령 제51조 제3항 제4호의 규정에 의해 사업소득의 총수입금액에 산입해야 합니다.

따라서 2018년부터 지급하는 일자리안정자금도 총수입금액에 포함해야 합니다.

 초보사장님 그 외 산입되는 것은 없나요?

 부가가치세 신고 시 신용카드매출세액공제(소매, 음식,

숙박업 등)를 받은 금액 또한 총수입금액에 산입됩니다.

그리고 본사로부터 금전으로 지급받은 판매장려금(도. 소매업), 부가가치세 전자신고 시 공제받은 전자신고세액공제액도 산입해야 합니다(종합소득세 전자신고 시 공제받은 전자신고세액공제는 총수입금액에 산입하지 않습니다).

05

분류과세와 분리과세

　'분류과세'는 종합과세와 대비되는 개념으로 다른 소득과 합쳐지지 않고, 별도로 계산하여 과세하는 것입니다.

　분류과세 되는 퇴직소득과 양도소득은 종합과세 과세표준에 추가하지 않고 별도의 과세표준과 세율을 적용하고, 나머지 소득은 종합과세 되는 소득이니 소득세를 신고할 때 모두 합쳐 과세표준과 세율을 적용합니다.

　'분리과세'는 종합소득에 포함되는 소득 중에 과세의 편의를 위해 일정 금액 이하나 특정 소득은 원천징수로 소득세 의무를 종결하며, 종합소득 과세표준에 추가하지 않는 소득입니다.

　예를 들면 이자·배당소득은 2000만원 이하인 경우, 종합소득 과세표준에 포함하지 않고 일정 세금을 사전에 원천징수하고 나면 추가적인 납세의무를 요구하지 않습니다.

분리과세 되는 소득에는 이자소득, 배당소득, 일용직 근로소득 등이 있습니다.

이자소득은 돈을 빌려주고 받는 소득이고, 배당소득은 돈을 투자하고 그 대가로 분배를 받는 소득을 말합니다. 세법에서는 이자소득과 배당소득을 합쳐서 금융소득이라고 합니다.

금융소득은 종합과세 대상에 포함되지만, 2000만원 미만이라면 분리과세 대상입니다. 그러므로 이자 · 배당소득 명세서는 금융소득의 합계가 2000만원을 초과하는 경우에만 작성합니다. 금융소득 종합과세에 대한 내용은 다음 장에서 자세히 설명하고 있습니다.

금융회사에서 지급하는 이자 · 배당소득은 원천징수(기본적으로 14%를 원천징수합니다)를 하므로 국세청에 자동으로 보고됩니다.

추후 홈택스에서 종합소득세를 신고할 때, 이자 · 배당소득 불러오기를 조회하면 확인 가능합니다.

예를 들어, 3000만원의 금융소득이 생겼고, 2000만원의 사업소득이 발생했다면 2000만원을 초과하는 금융소득 1000만원은 사업소득금액에 합산합니다. 누진세율이 적용되면 세율 구간이 16.5%(지방세 포함)이므로 이미 원천징수된 15.4%(지방소득세 포함)의 세율과 비교해 1.1%(지방소득세 포함)의 세금만 추가로 납부하면 됩니다. 1000만원의 1.1%(11만원)의 세금이 금융소득 때문에 추가로 발생한 것입니다.

같은 경우 사업소득을 1억원으로 가정하면,

누진세율 38.5%(지방소득세 포함)를 적용받으므로 금융소득 2000만원을 초과하는 1000만원에 대해서 23.1%(38.5% − 15.4%) 가 적용돼 231만원의 세금이 추가로 발생하게 됩니다.

금융소득이 있다고 해서, 무조건 세금이 많이 나오는 것이 아니고, 그때 처한 상황에 따라 달리 발생하는 것입니다.

종합소득세 세율은 4장에서 자세히 설명하고 있습니다.

금융소득 종합과세

　종전에는 금융회사 등에서 이자를 지급하면서 세금을 원천 징수하면 그 이자소득에 대해서는 세금 문제가 종결되므로, 이 자를 받는 사람은 세금에 신경을 쓸 필요가 없었습니다.

　그런데 2001년부터 일정 금액 이상의 금융소득(이자소득과 배 당소득)은 다른 종합소득(사업소득, 근로소득, 기타소득)과 합산하 여 소득세를 과세하도록 정하였습니다.

　합산과세를 하는 목적은 소득계층 간, 소득종류 간 과세의 형평성을 재고해 공평 과세를 실현하고, 금융소득을 과세함으 로써 차명 거래가 일어날 확률을 줄여 금융거래를 투명하게 만 들기 위해서라고 당국은 말합니다.

금융소득이 연간 2000만원을 초과하면 초과분은 종합과세가 됩니다(2000만원까지는 원천징수세율 14%를 적용).

여기서 말하는 2000만원은 예금 원금이 아니라 이자이므로, 금리가 연 4%라고 가정하면 5억원 이상의 예금이 있어야 종합과세대상자가 되는 셈입니다.

많은 사람들이 금융소득 종합과세 때문에 세금부담이 늘어난다고 생각하는데, 금융소득과 다른 소득이 많은 일부 고소득층은 늘어나지만, 1년 동안 이자소득이 2000만원 이하인 대부분의 사람들은 오히려 세금이 줄어들었습니다.

그 이유는 종합과세를 실행하면서 원천징수 세율을 20%에서 14%로 인하했기 때문입니다(종전 20%에서 2001년부터 15%, 2005년부터 14%로 인하).

종합과세에서 제외되는 금융소득이 있습니다. 이 금융소득은 금융소득이 2000만원을 초과하는지 여부를 판단할 때도 포함되지 않습니다. 비과세되는 금융소득은 아래와 같습니다.

1. 신탁법에 의한 공익신탁의 이익
2. 10년 이상 저축성보험의 보험차익: 월적립식 보험이 아닌 경우 인당 2억원 이하(2017년 3월 31일까지 계약분에 해당, 2017년 4월 1일 이후 계약분은 1억원 이하), 납입 기간이

5년 이상인 월적립식 보험(기본보험료가 균등해야 하는 등 일정 요건 충족 필요), 일정 조건을 충족하는 종신형 연금보험

3. 노인, 장애인 등의 비과세종합저축(1명당 저축원금이 5000만 원 이하)의 이자·배당(2019년 12월 31일까지 가입분)

4. 조합 등에 대한 예탁금(1명당 3000만원 이하)의 이자(2007년 ~2020년까지 발생하는 이자소득) 및 출자금(1명당 1000만원 이하)의 배당(2020년 12월 31일까지 수령분)

5. 우리사주조합원이 1년 이상 보유한 우리사주의 배당: 우리사주 액면가액의 개인별 합계액이 1800만원 이하인 경우

6. 영농조합법인의 배당(2021년 12월 31일까지 수령분): 식량작물재배업소득에서 발생한 배당과 식량작물재배업소득 이외의 배당으로 과세연도별 1200만원 이하

7. 영어조합법인의 배당(2021년 12월 31일까지 수령분): 과세연도별 1200만원 이하

8. 농업회사법인의 배당(2021년 12월 31일까지 수령분): 식량작물재배업소득에서 발생한 배당

9. 재형저축의 이자·배당(2015년 12월 31일까지 가입분)

10. 농어가목돈마련저축(2020년 12월 31일까지 가입분)

07

근로소득, 사업소득, 기타소득의 구분

최 강사가 학원원장의 지시에 따라 일정한 시간에 출퇴근하며 지시된 강의를 하고 수입을 얻는다면, 이는 근로소득입니다. 다른 소득 없이 근로소득만 있는 경우에는 연말정산만으로 종합소득세 신고, 납부의 의무는 종결됩니다.

최 강사가 학원과 협의해서 강의를 어떻게 할지, 수강료는 어떻게 나눌지 결정하고 출퇴근 시간에 제약받지 않고 강의료를 받는 경우라면 사업소득입니다. 사업소득이 발생하면 5월에 종합소득세를 신고, 납부해야 합니다.

최 강사가 주업이 따로 있는데 학원의 요청으로 비정기적으로 강의하고 강의료를 받는다면 기타소득입니다. 기타소득은 우선적으로 근로소득이나 사업소득으로 구분되지 않는 경우에만 기타소득으로 확정됩니다.

최근 탤런트나 영화배우가 CF에 출연하고 받은 대가가 사업소득(인적용역소득)에 해당하는지, 기타소득에 해당하는지가 문제가 된 적이 있습니다. 대법원에서는 탤런트 등의 CF 출연은 일시적인 것이 아니라 직업적인 것으로 보아 사업소득이라고 판결했습니다.

근로소득자 현재 직장을 다니고 있습니다. 종합소득세 신고를 해야 하나요?

근로소득만 있는 경우에는 원천징수와 연말정산만으로 납세의무가 종료됩니다.

그러나 근로소득 이외의 종합과세 대상 소득이 있다면 합산하여, 종합소득세 신고를 해야 합니다.

초보사장님 지난해 작은 식당을 하다가 장사가 잘되지 않아 식당을 정리하고 회사에 취직했습니다. 올해 초에 회사에서 연말정산을 해서 일부 환급을 받았습니다. 작년 근로소득은 연말정산을 했으니 식당에서 발생한 사업소득만 종합소득세 신고를 하면 되나요?

연말정산과 상관없이 근로소득과 사업소득이 동시에 있는 경우에는 소득을 합산하여 종합소득세 신고를 해야 합니다.

소득세법에 규정해 놓았듯이 종합소득세는 모든 소득을 합하여 누진세율을 적용하기 때문에 근로소득과 사업소득을 합산하였을 때와 근로소득과 사업소득을 합산하지 않았을 때의 적용 세율이 달라지기 때문입니다.

가령 사업소득 금액이 1000만원이고 근로소득금액에서 공제액을 뺀 금액이 600만원이라고 가정하고 계산해 보겠습니다.

각각 과세하면 6%의 세율이 적용되기에 96만원(1000만원 × 6% + 600만원 × 6%)이 됩니다.

합산해서 과세하면 종합소득금액은 1600만원이 되므로 1200만원 × 6% + 400만원 × 15% = 132만원이 됩니다(1200만원을 초과하는 소득금액에는 15%의 세율이 적용됩니다).

합산 과세하면 36만원의 세금을 더 납부해야 하는 것입니다.

따라서 질문하신 사장님의 경우에는 사업소득과 근로소득을 합산해 신고했을 때 연말정산으로 환급받은 금액을 다시 납부해야 하는 상황이 생길 수도 있습니다. 반대로 사업장에서 손실이 발생한 경우라면 추가로 세금을 환급받을 수도 있습니다.

08

기타소득은 분리과세가 된다

　기타소득은 대부분 일시적으로 발생하는 소득입니다. 대표적으로 작가의 인세 수익, 강사의 강연료 수입 등이 해당됩니다.

　최 작가가 출간한 책의 정가가 1만원이고 인세는 정가의 10%, 1만 부가 팔렸다고 가정해 보겠습니다.

인세수입금액 = 정가 × 판매 부수 × 인세,

10000원 × 10000부 × 10% = 1000만원

수입금액은 1000만원입니다.

소득금액 = 수입금액 − 필요경비

기타소득에 대해 세법에서는 근거 자료가 없어도 60%(종전 70%, 2019년부터 60%로 하향 조정)를 비용으로 인정해 줍니다.

따라서 소득금액 1000만원에 대한 필요경비는 600만원(1000만원 × 60%)이 되고, 소득금액은 400만원이 됩니다.

기타소득에 대한 원천징수 세율은 22%입니다.

400만원 × 22% = 88만원

88만원은 수입금액의 8.8%입니다. 편의상 수입금액의 8.8%를 기타소득의 원천징수세율로 보아도 무방합니다.

출판사는 최 작가의 인세를 88만원을 제외하고 912만원 정산하면 됩니다.

기타소득금액이 300만원 이하일 경우에 납세자는 분리과세와 종합과세를 선택할 수가 있습니다.

그러나 이 사례처럼 300만원을 초과한 경우에는 종합소득세 신고를 별도로 해야 합니다.

2019년부터는 기타소득에 대한 필요경비 산정률이 60%로 조정이 되었습니다.

2019년 기타소득으로 총 수입금액이 750만원이 발생하였으면, 필요경비는 750만원 × 60% = 450만원으로 계산됩니다.

소득금액 = 수입금액 − 필요경비,
750만원 − 450만원 = 300만원

그러므로 2019년 이후부터 기타소득에 의한 총 수입금액이 750만원을 초과하면 별도로 종합소득세 신고를 해야 합니다.

정리하면, 기타소득금액은 300만원을 초과하지 않으면 분리과세가 됩니다. 분리과세가 되므로 종합소득세 신고를 안 하는 것이 늘 유리할까요?

분리과세가 유리한지, 종합과세가 유리한지를 계산해볼 필요가 있습니다.

기타소득과 근로소득이 같이 있는 경우에 기타소득금액과 연말정산한 근로소득원천징수 영수증상의 과세표준을 합한 금액(종합소득세 과세표준)이 4600만원 이하라면 종합소득세 신고를 해서 납부한 세액 중 일부를 환급받을 수 있습니다.

그 이유는 종합소득세 세율이 과세표준에 따라 차등이 있기 때문입니다.

1200만원 이하이면 6%, 4600만원 이하이면 15%의 세율이 적용되고, 원천징수를 하면 20%(주민세까지 22%)의 세율이 적용됩니다.

초보사장님 과세표준이 4600만원을 초과하면 어떤 게 유리한가요?

4600만원을 초과하면 종합소득세 세율이 24%가 적용되므로 분리과세를 택하는 쪽이 유리합니다.

단, 복권당첨소득, 승마투표권 등 환급금, 슬롯머신 당첨금품 등은 무조건 분리과세가 적용됩니다(3억원 이하는 20%, 3억원 초과분은 30% 원천징수로 종결됩니다).

사업소득은 장부와 증빙서류에 의해 지출 사실이 인정되어야 필요경비로 인정해 주지만, 기타소득은 비용이 지출되지 않는 경우가 많으며 비용이 지출되더라도 대부분 증빙을 갖추기 어렵습니다.

기타소득의 필요경비도 사업소득에 대한 필요경비와 같이 총수입금액을 얻기 위해 지출한 비용을 인정해주는 것이 원칙입니다.

그러나 세법에서는 다음과 같이 각 호에서 규정하는 금액의 60% 또는 80%를 필요경비로 인정하고 있습니다. 단, 실제 소요된 필요경비가 60% 또는 80%에 상당하는 금액을 초과하면 그 초과한 금액도 필요경비로 인정됩니다.

60%를 필요경비로 인정하는 기타소득

- 광업권, 어업권, 산업재산권 산업정보, 산업상 비밀, 상표권, 영업권, 토사석의 채취허가에 따른 권리, 지하수의 개발 이용권, 기타 이와 유사한 자산이나 권리를 양도 또는 대여하고 받는 금품
- '전자상거래 등에서 소비자보호에 관한 법률'에 따라 통신판매중개를 하는 자를 통해 물품 또는 장소를 대여하고 연간 수입금액 500만원 이하의 사용료로서 받은 금품
- 공익사업과 관련된 지역권, 지상권을 설정 또는 대여하고 받는 금품
- 문예, 학술, 미술, 음악 또는 사진에 속하는 창작품의 원작자로서 받는 원고료, 인세 등
- 다음의 인적용역을 일시적으로 제공하고 받는 대가: 고용관계가 없는 자가 다수인에게 강연을 하고 받는 강연료 등, 라디오 · 텔레비전 방송 등에서 해설 · 계몽 또는 연기와 심사 등을 하고 받는 보수 등, 변호사 · 공인회계사 · 세무사 · 건축사 · 측량사 · 변리사 그 밖에 전문직 용역을 제공하고 받는 보수 등, 그 밖에 고용 관계 없이 용역을 제공하고 받는 보수 등

80%를 필요경비로 인정하는 기타소득

- 공익법인이 주무관청의 승인을 얻어 시상하는 상금과 부상
- 다수가 순위를 경쟁하는 대회에서 입상한 자가 받는 상금과 부상
- 계약 위약 또는 해약 때문에 받는 위약금과 배상금 등 주택입주지체상금
- 점당 6000만원 이상인 서화, 골동품(국내 생존 작가의 작품 제외)을 양도하고 받는 금품(보유 기간이 10년 이상인 경우에는 지급금액의 90%를 필요경비로 인정)

기타소득이 발생했다면 필요경비 인정 범위가 어떻게 되는가를 확인한 후에 빠짐없이 공제를 받아야 합니다.

09

종합소득세 신고를
안 해도 되는 경우

소득세란 개인에게 소득이 생기면 내는 세금이라 하여 개인 소득세라고도 합니다.

개인이 지난해 1년 동안 경제 활동으로 얻은 소득에 대해 납부하는 세금입니다.

거주자(통상 국내에서 183일 이상 거주하는 자)가 소득이 있다면 소득세법에서 정하는 바에 따라 종합소득세를 신고 및 납부해야 합니다.

사업소득이 있는 사람은 반드시 사업과 관련해 얻은 이익을 과세기간(1월 1일 ~ 12월 31일) 단위로 모든 과세대상 소득과 합산해 계산하고, 다음 해 5월 1일부터 5월 31일까지 주소지 관할 세무서에 신고, 납부를 해야 합니다.

즉, 종합소득이 있는 사람은 다음 해 5월 1일부터 5월 31일까지 종합소득세를 신고, 납부해야 합니다. 종합소득이란 이자 · 배당, 사업, 근로, 연금, 기타소득을 말합니다.

그러나 아래의 경우에 해당되면 종합소득세를 확정신고하지 않아도 됩니다.

- 근로소득만 있는 사람으로 연말정산을 한 경우
- 직전 과세기간의 수입금액이 7500만원 미만이고, 다른 소득이 없는 보험모집인 및 방문판매원의 사업소득으로 소속된 회사에서 연말정산을 한 경우
- 비과세 또는 분리과세 되는 소득만 있는 경우
- 300만원 이하의 기타소득금액이 있는 사람으로 분리과세를 원하는 경우 등

10

종합소득세 절세팁, 공동명의

공동명의로 등록하면 종합소득세가 적게 나옵니다.

부부가 같이 사업하는 경우가 더러 있습니다. 이러면 보통 두 명의 역할이 특별하게 구분되지 않음에도 불구하고 특별한 이유 없이 한 사람의 명의로 사업자등록을 합니다. 그러나 세금 측면을 고려하면 공동명의로 등록하는 편이 낫습니다.

종합소득세는 각 개인별로 소득세를 부과하기 때문입니다. 그리고 누진세율이 적용되는 방식이기 때문에 한 사람이 모든 소득을 가지는 쪽보다 소득을 부부가 나누는 쪽이 세금이 적게 나오는 이치입니다.

초보사장님 최초에 제 명의로 시작했으나, 와이프를 공동명의자로 추가해도 되나요?

네. 가능합니다.

개인사업자를 공동사업자로 전환하면 됩니다. 개인사업을 공동사업자에게 포괄양도 하거나, 개인사업자를 폐업하고 공동사업자로 등록하면 됩니다.

초보사장님 사업자등록이 되어 있습니다. 세무 공부를 해보니 공동명의로 등록하면 세금이 적게 나온다고 하여 친구와 함께 공동사업자로 전환해볼까 합니다. 사업자등록을 할 때 혼자가도 되나요?

동업을 할 친구와 같이 세무서에 가는 것이 가장 빠른 방법입니다.

공동사업자 약정서를 작성할 때 지분비율을 어떻게 나눌지를 미리 결정하고, 각자 신분증, 기존 사업자등록증 원본을 지참하여 사업자등록 정정 신청을 하면 됩니다.

공동사업자는 지분비율이 매우 중요합니다. 나중에 종합소득세를 신고할 때 수입금액이 지분비율만큼 나뉘기 때문입니다.

종합소득세 세율은 누진세 구조이므로 지분비율만큼 매출이 나뉘면 종합소득세가 줄어들게 되는 것입니다(전체 소득금액은 동일해도 둘로 나누면 적용되는 세율이 낮아집니다).

종합소득세를 줄일 목적으로 가족끼리 공동명의로 사업을 하는 경우를 종종 봅니다.

공동사업장에서 발생한 소득금액을 각 공동사업자의 손익분배비율에 따라 분배해 각 거주자별로 납세의무를 지므로, 연대납세의무를 지지 않는 것이 원칙입니다.

그러나 주된 공동사업자에게 합산과세되는 경우가 있는데 이때는 손액분배비율에 해당되는 소득금액까지 주된 공동사업자와 연대납세의무를 지게 됩니다.

세법상 합산과세는 제출한 서류상 내용이 실질과 현저히 다르거나 조세회피목적이 있는 경우에 적용된다고 명시되어 있습니다.

 초보사장님 조세회피목적이라고 판단하는 기준이 따로 있나요?

 친족으로 생계를 같이 하는가를 봅니다.

생계를 같이 하고 있는데 소득을 분배신고 하는 것은 누진세율을 회피하기 위한 조세회피로 본다는 뜻입니다.

종합소득세는 세금의 주체가 개인입니다. 그러므로 한 사업장에서 발생한 수입과 경비를 한꺼번에 처리한 후 각자의 소득분배 비율로 나누어서 소득금액을 계산합니다.

종합소득세는 소득금액이 커짐에 따라 세율이 높아지는 누진세입니다. 때문에 종합소득세는 공동명의일 경우에 소득이 분산되므로 절세 효과가 있습니다.

정부에서 정한 필요경비 계산법에는
단순경비율 계산법과 기준경비율 계산법이 있습니다.
모든 사업자에게 회계장부를 작성하라고 강요할 수는 없습니다.
이제 새로 사업을 시작한 사업자(신규사업자)나
동네에서 조그맣게 장사하시는, 연세가 많은 사람들에게
"장부 작성하지 않으세요?"라고 할 수는 없는 것입니다.
세금계산서 같은 증빙자료(적격증빙)를 잘 챙겨야 하고,
또한 약간의 세무 지식이 있어야 하기 때문입니다.
그러한 이유로 장부를 작성하지 못한 사업자도
세금을 신고할 수 있도록 추계신고제도를 운영하고 있습니다.

chapter 2

추계신고와 장부작성

종합소득세 신고는
과세유형이 중요치 않다

세금은 세 가지로 구분됩니다.

소득과 관련된 세금(법인세, 소득세), 소비와 관련된 세금(부가가치세, 개별소비세), 재산과 관련된 세금(양도소득세, 상속·증여세)입니다. 개인사업자는 소득에 대한 세금(종합소득세)과 소비에 대한 세금(부가가치세)을 부담합니다.

세금 신고에는 숨어 있는 함정이 있습니다. 바로 과세기간과 신고기간이 다르다는 점입니다.

예를 들면, 종합소득세의 과세기간은 전년도이고, 신고기간은 올해 5월 31일까지입니다.

많은 사람들이 신고 기간이 다가오면 어떻게 해야 할까를 문의합니다.

절세는 미리 알고 준비할 때 가능합니다. 아무리 유능한 세무대리인을 고용하더라도 신고 기간이 임박해서는 할 수 있는 것이 아무것도 없습니다.

초보사장님 간이에서 일반으로 바뀌었는데 기장이란 걸 해야 하나요? 세무대리인을 써야 하나요?

이와 같은 질문을 많이 받는데 질문 자체가 모순입니다.

첫째, 간이과세사업자는 기장을 안 하고 일반과세사업자는 기장을 해야 한다?

종합소득세 신고는 부가가치세 세법에서 규정하는 과세유형과는 상관없습니다. 모든 사업자는 원칙적으로 복식부기로 장부를 작성해야 합니다. 그런데 소규모 사업자는 간편장부를 작성해도 상관이 없습니다. 만약 추계신고를 한다면 장부를 작성하지 않아도 됩니다.

두 번째, 기장을 해야 하니까, 세무대리인을 써야 한다?

기장은 장부를 작성하는 것을 말합니다. 직접 장부를 작성해도 됩니다.

물론 세무대리인에게 장부작성을 의뢰해도 됩니다. 그러면 일정한 수수료(기장료)를 매달 지불해야 합니다.

개인사업자 장부 유형

앞장에서 종합소득세 신고는 과세유형이 아니라 장부유형이 중요하다고 했습니다.

개인사업자의 장부유형은 간편장부대상자와 복식부기의무자로 나뉩니다. 직전 연도 수입금액에 따라 장부의 유형을 판단하는데 다음 표를 참고하세요.

개인사업자의 업종별 수입금액에 따른 장부작성 기준(표-A)

업종	간편장부대상자	복식부기의무자
농업, 임업, 어업, 광업, 도매 및 소매업, 부동산매매업(제122조 제1항) 등	3억원 미만자	3억원 이상자
제조업, 숙박업, 음식점업, 전기/가스/증기 및 수도사업, 하수/폐기물 처리 및 환경복원업, 건설업, 운수업, 출판/영상/방송통신 및 정보서비스업, 금융 및 보험업, 상품중개업 등	1억5000만원 미만자	1억5000만원 이상자
부동산임대업 ,부동산 관련 서비스업, 임대업, 전문과학 및 기술 서비스업, 교육 서비스업, 보건업 및 사회복지서비스업, 개인 서비스업 등	7500만원 미만자	7500만원 이상자

의사, 변호사, 세무사, 회계사, 변리사 등 전문직 사업자는 무조건 복식부기의무자 입니다.

 초보사장님 사업자가 세 개입니다. 제조업으로 수입금액은 1억원, 도매업으로 5000만원, 부동산임대업으로 1000만원, 총 수입금액은 1억6000만원입니다. 간편장부대상자인가요? 복식부기의무자인가요?

직전 연도 사업장이 두 개 이상이거나 업종이 서로 다

른 경우에는 아래의 계산법으로 환산 수입금액을 계산합니다.

$$주업종금액 + 주업종 외 수입금액 \times \frac{주업종\ 기준금액}{주업종\ 외\ 기준금액}$$

주업종은 수입금액이 가장 큰 업종입니다.
사장님의 경우에는 제조업이 주업종이 됩니다.
환산 수입금액을 계산해 보면,

$$1억\ 원 + 1000만원 \times \frac{1억5000만원}{7500만원} + 5000만원 \times \frac{1억5000만원}{3억원}$$

$$= 1억4500만원$$

환산한 수입금액이 기준금액 1억5000만원(제조업) 미만이므로 간편장부대상자입니다.

두 개 이상의 사업장이 있는 경우에는 거래 내용이 구분될 수 있도록 각 사업장별로 간편장부를 작성해야 합니다.

간편장부대상자의
종합소득세 신고

간편장부대상자는 사업과 관련한 수익 및 비용에 관한 거래 내용을 간편장부에 기장을 해야 하며, 과세기간(1월 1일 ~ 12월 31일) 동안의 수익(수입금액) 및 비용(필요경비)을 항목별로 집계해서 다음 순서대로 서식을 작성한 다음 신고기간(다음 해 5월 1일 ~ 5월 31일)에 주소지 관할 세무서에 종합소득세 신고서를 제출해야 합니다.

간편장부를 기장하는 경우 종합소득세 신고 절차는 다음과 같습니다.

1. 간편장부 기장

   매일 매일의 수입과 비용을 간편장부 작성 양식을 통해 기록.

2. 총수입금액 및 필요경비명세서 작성

   간편장부상의 수입과 비용을 총수입금액 및 필요경비명세서의 각 항목에 기입합니다.

3. 간편장부 소득금액계산서 작성

   총수입금액 및 필요경비명세서에 의해 수입금액에서 필요경비를 차감하여 소득금액을 계산합니다.

4. 종합소득금액 및 결손금, 이월결손금 공제명세서

5. 소득공제명세서

6. 세액감면 명세서

   감면세액이 있는 경우에만 작성합니다(창업중소기업 등에 대한 감면, 중소기업에 대한 특별세액공제 등)

7. 세액공제 명세서

8. 기납부세액 명세서

   기납부세액이 있는 경우에만 작성합니다(종합소득세 중간예납세액, 원천징수된 기타소득, 사업소득).

9. 종합소득세, 지방소득세 과세표준 확정신고 및 납부계산서

   간편장부를 기장하는 경우에는 관련 증빙을 종합소득세 확정신고기한이 지난 날부터 5년간 보관해야 합니다.

간편장부대상자가 간편장부를 기장하지 않으면 적자(결손)가 발생하여도 인정받지 못하고, 무기장가산세가 20% 부과됩니다.

국세청에서는 소규모 개인사업자의 세무업무에 대한 부담을 덜어주고자 전문적인 세무, 회계 지식이 없이도 쉽게 작성할 수 있는 장부를 보급했는데 그것이 바로 간편장부입니다.

비고란의 '세계'는 세금계산서, '영'은 영수증, '신카'는 신용카드인데 거래 후 주고받는 증빙유형은 다음처럼 간단히 표시하면 됩니다.

고정자산은 보통 1년 이상 사용되면서 100만원이 넘는 자산을 말하는 것으로, 예를 들어 110만원짜리 사무용 가구를 구입한 경우, 아래와 같이 작성하면 됩니다.

2/10	비품 구입	○○ 가구				1,000,000	100,000	세계

간편장부 작성요령

1. 일자: 거래일자순으로 수입 및 비용을 기록합니다.

2. 거래내용: 판매, 구입 등 거래 구분, 대금결제를 기록합니다. 1일 평균 매출 건수가 50건 이상인 경우, 1일 총매출 금액을 합산해서 기록해도 됩니다. 매입과 관련한 비용은 건별로 모두 기록해야 합니다.

3. 거래처: 거래처 구분이 가능하도록 기록합니다.

4. 수입: 일반과세사업자는 매출액, 매출세액을 구분하여 금액, 부가세 칸에 기록합니다. 간이과세사업자는 부가가치

간편장부 작성법 예시

① 일자	② 거래내용	③ 거래처	④수입(매출)	
			금액	부가세
1/5	의류매입	주)OO상사		
1/6	거래처접대	OO갈비		
1/10	급여	김대리		
1/12	비품구입	OO유통		
1/15	운반비	OO 퀵서비스		
1/20	의류매출	OO상회	900,000	90,000

세가 포함된 금액을 금액 칸에 기록합니다.

5. 비용: 세금계산서를 받은 경우, 세금계산서(신용카드)의
   공급가액과 부가가치세를 구분하여 금액과 부가세 칸에
   기록합니다. 영수증 매입분은 매입금액을 금액 칸에 기록
   합니다.

6. 고정자산 증감(매매): 건물, 자동차, 비품 등 고정자산의
   매입액과 부대비용을 기록합니다.

7. 비고: 거래 증빙의 유형과 재고액을 기록합니다.

⑤비용 (원가 관련매입 포함)		⑥고정자산 증감		⑦비고
금액	부가세	금액	부가세	
500,000	50,000			세계
50,000				신카
900,000				
30,000	3,000			신카
20,000				영
				세계

간편장부를 기초로 종합소득세 신고를 하면, 추계에 따른 무기장가산세가 적용되지 않습니다. 간편장부대상자가 복식부기로 신고하면 기장세액공제도 가능합니다.

04
복식부기의무자의
종합소득세 신고

초보사장님 복식부기의무자입니다. 회계 지식이 조금 있어 재무제표 작성이 가능한데 세무대리인을 고용해야 하나요?

복식부기의무자일지라도 외부조정대상자로 구분되지 않으면 꼭 세무대리인을 써야 하는 것은 아닙니다.

복식부기란 차변, 대변의 대차평균 원리에 따라 작성된 장부를 말합니다. 대차평균 원리란 한 거래를 대, 차 양변에 동시에 기입함으로써 대, 차변의 각 합계가 일치되도록 하는 것을 말합니다.

최근에는 장부 관련 컴퓨터 프로그램이 잘 나와 있어서 회계 지식이 없는 사업자도 복식부기 장부를 관리할 수 있습니다. 하지만 기능이 너무 많은 프로그램은 선택하지 않는 게 좋습니다. 기능이 많다는 것은 그만큼 프로그램 숙지가 어렵다는 뜻입니다. 그러므로 꼭 필요한 기능만 있는 단순한 프로그램을 선택하는 쪽이 나을 수 있습니다.

거래가 발생하면 기업의 자산, 부채, 자본, 수익, 비용이 늘거나 줄어드는 두 가지 측면에 영향을 미치게 되는데 이를 '거래의 이중성'이라고 합니다.

예를 들어 공장 건설 목적으로 토지를 구입하면서 현금으로 대금을 지급했다면 토지를 구입함으로써 회사의 자산은 증가했지만 구입비용으로 현금을 지불하였기에 회사의 자산이 감소한 셈이 됩니다.

그러기에 토지를 구입한 것과 현금을 지불한 것, 두 가지 측면을 일정한 법칙으로 기록해야 합니다.

복식부기 장부에서 왼쪽은 차변, 오른쪽은 대변이라고 합니다.

거래의 이중성에 따라 차변과 대변으로 나누어 기록하는 것을 '분개'라고 합니다.

식당을 개업하려고 은행에서 1억원을 대출받고 그동안 모은 돈 5000만원을 투자했다고 가정해봅시다. 총 1억5000만원 중

가게 보증금으로 5000만원, 설비투자 등으로 4000만원, 재료 구입으로 1000만원이 지불되었을 경우 이를 분개로써 간단히 나타내 보겠습니다.

차변		대변	
임차보증금	5000만원	부채	1억원
기계장치	4000만원		
재고자산	1000만원		
현금	5000만원	자본금	5000만원

식당을 오픈하는 날 매출이 200만원 발생하였고, 구입한 재료 중에 50만원치가 소진되었습니다. 그리고 아르바이트 직원에게 20만원을 지급하였습니다.

차변		대변	
현금	2,000,000	매출	2,000,000
매출원가	500,000	재고자산	500,000
인건비	200,000	현금	200,000

수익(매출 2000만원)이 발생하여 대변에 기록하고 자산(현금 200만원)이 증가하여 차변에 기록합니다.

비용(매출원가 50만원)이 발생하여 차변에 기록하고 그에 대응한 자산(재고자산 50만원)이 감소하여 대변에 기록합니다.

비용(인건비 20만원)이 발생하여 차변에 기록하고, 그에 대응한 자산(현금 20만원)이 감소하여 대변에 기록합니다.

복식부기의무자라면 이와 같은 복식부기 장부를 작성해서 신고해야 하기 때문에, 회계 지식이 없는 사장님이라면 세무대리인을 고용하는 쪽을 추천합니다. 세무대리인은 사업자가 전해준 증빙을 토대로 장부를 작성합니다. 부득이한 사정으로 세무대리인을 고용해야 한다면 증빙서류를 잘 챙겨야 합니다.

 초보사장님 종합소득세 신고 시 어떤 서류가 필요한가요?

종합소득세는 부가가치세와 달리 소명용증빙으로도 필요경비 처리가 가능합니다. 그러한 이유로 준비해야 할 서류가 부가가치세 신고보다는 많습니다. 준비 서류가 많다는 것은 그만큼 절세 범위가 넓다는 뜻이기도 합니다.

결론부터 얘기하자면, 사업에 관련된 모든 서류는 다 준비하면 됩니다.

세무대리인을 고용한 경우라도 관련 자료 제출은 사장님의 몫입니다.

세무대리인은 없던 자료를 만들어 내는 사람이 아니라, 사장님이 전해준 자료를 근거로 대리 기장, 대리 보관, 대리 신고 업무를 하기 때문입니다.

제출해야 할 자료는 아래와 같습니다.

수익과 관련한 자료

매출장(매출과 관련하여 기록한 장부), 매출 거래처원장(매출처별로 외상매출대금 발생 및 회수 내용을 기록한 장부), 매출 이외의 수익에 관한 내용(국고보조금 수입, 판매장려금 수입, 관세환급금 등)

비용과 관련한 자료

매입장(상품, 원재료 등 주요 매입과 관련하여 기록한 장부), 매입 거래처원장(매입처별 외상매입대금 발생 및 결제 내용을 기록한 장부), 사업과 관련한 차입금의 발생 및 이자지급, 상환에 관련한 서류, 적격증빙(세금계산서, 계산서, 신용카드매출전표 및 현금영수증), 기타 비용 관련 영수증(지출결의서 또는 A4용지에 첨부하여 제출)

사업과 관련이 없는 지출영수증은 경비처리가 불가하니 제출할 필요가 없습니다.

기타 자료

외상매출금 및 받을 어음 거래처별 잔액, 외상매입금 및 지급어음 거래처별 잔액, 기말재고자산명세서(상품, 원재료, 제품 등), 출자금(특히 건설업의 경우) 및 출자금의 반환에 관한 내용, 임차보증금의 지급 및 회수에 관한 내용, 유형자산(차량운반구, 기계장치 등)의 취득 및 처분에 관한 내용, 차입금 발생 및 상환 내용과 대여금 현황, 퇴직연금 납입명세서

기타 사항

대표자의 국민연금 및 연금저축 불입내용, 노란우산공제연금 불입내용, 부양가족의 변동에 관한 내용, 기부금 지출내용.

대표자의 금융소득(이자소득 및 배당소득)이 연간 2000만원을 초과하는 경우, 이를 반드시 세무대리인에게 알려야 합니다.

초보사장님 세무대리인을 쓰고 있는데도 매입장, 매출장을 작성해서 제출해야 하나요?

세무대리인에게 매월 기장료를 주고 있다면 비용에 관한 증빙을 토대로 대리 기장 업무를 해줍니다.

그런데 정리되지 않은 증빙을 잔뜩 가져다주더라도 누락 없이 그들이 잘 처리할 것인가는 한번 고민해볼 문제입니다. 그

러므로 세무대리인을 쓰더라도 사업자가 매입장, 매출장 정도는 작성하는 것이 절세에 도움이 됩니다. 사업자가 직접 장부를 작성하면 그만큼 증빙 누락도 줄겠죠. 누락이 준다는 것은 세금이 줄어든다는 것과 일맥상통하는 것입니다.

 초보사장님 제출할 서류가 너무 많아요.

제출할 서류의 대부분은 비용에 관한 것입니다. 그러므로 많이 제출할수록 세금은 더 줄어들게 됩니다.

평소 관련 증빙을 잘 챙기는 습관이 중요합니다. 신고기간이 임박해서 저 많은 서류를 챙기기 시작하면 아무래도 누락분이 많아지겠죠. 누락분이 많아지면 그만큼 세금은 늘어나게 됩니다.

이 서류가 필요 없는 경우도 있습니다. 추계신고(단순경비율) 대상자는 구비서류가 없더라도 일정 경비율을 인정해 주기 때문입니다.

그러므로 사업자의 신고유형을 먼저 파악하는 것이 중요합니다. 간편장부대상자 E, F, G, H 유형은 단순경비율로 추계신고가 가능합니다.

추계신고에 관해서는 다음 장에서 구체적으로 다루겠습니다.

05

추계신고란?

　개인사업자가 소득금액을 계산하는 방법에는 사업자가 기장한 장부를 기준으로 계산하는 방법과 정부에서 정한 방법을 기준으로 소득금액을 추정하여 계산하는 방법이 있습니다.

　기장이란 사업에 관련된 영수증 등의 증빙을 근거로 거래내용을 장부에 기록하는 것을 말합니다. 기장을 하면 수입금액에서 실질적으로 지출한 비용을 공제하고 소득금액을 계산하므로, 사업자의 실질소득에 기초해 세금이 계산됩니다.

　소득금액은 장부를 기준으로 필요경비를 차감해서 계산하는 것이 원칙이나 장부를 작성하지 않으면 필요경비를 계산할 수 없으므로 이때는 정부에서 정한 방법으로 소득금액을 계산합니다.

정부에서 정한 필요경비 계산법에는 단순경비율 계산법과 기준경비율 계산법이 있습니다.

모든 사업자에게 회계장부를 작성하라고 강요할 수는 없습니다.

이제 새로 사업을 시작한 사업자(신규사업자)나 동네에서 조그맣게 장사하시는, 연세가 많은 사람들에게 "장부 작성하지 않으세요?"라고 할 수는 없는 것입니다.

세금계산서 같은 증빙자료(적격증빙)를 잘 챙겨야 하고, 또한 약간의 세무 지식이 있어야 하기 때문입니다.

그러한 이유로 장부를 작성하지 못한 사업자도 세금을 신고할 수 있도록 추계신고제도를 운영하고 있습니다.

추계란 '소득금액을 추정하여 계산한다'라고 이해하면 됩니다.

원칙적으로는 추계신고를 하면 무기장가산세가 발생합니다 (무기장가산세에 대해서는 마지막 장에 다시 설명하겠습니다).

하지만 신규사업자나 계속사업자이면서 직전 연도 수입금액이 4800만원 미만인 소규모 사업자는 장부를 작성하지 않아도 가산세를 물지 않습니다.

초보사장님 작년(2019년)에 간이과세로 한식 음식점을 창업했습니다. 작년 매출은 1억원 정도 발생하였습니다. 부가가치세는 신고했는데 납부 금액은 0원이었습니다. 그런데 종합소득세가 걱정입니다.

 종합소득세는 과세유형과 상관이 없습니다.

음식점은 1억5000만원(직전 연도 수입금액)을 기준으로 미만이면 간편장부대상자, 이상이면 복식부기의무자로 장부 유형이 결정됩니다.

종합소득세의 과세기간은 작년이고, 장부의 유형을 판단하는 시기는 직전 연도(2018년)입니다. 그런데 작년(2019년)에 사업자등록을 냈으므로 직전 연도는 존재하지 않기에 추계신고가 가능합니다.

추계란 소득금액을 추정하여 계산한다는 뜻입니다. 장부 기장을 하지 않고도 필요경비를 단순경비율로 계산할 수 있습니다.

한식 음식점의 경우라면 단순경비율은 89.7%입니다.

'필요경비 = 수입금액 × 단순경비율'의 공식으로 계산하면

1억원 × 89.7% = 8970만원

쉽게 얘기하면 장부 기장을 하지 않았는데도 8970만원의 경비를 인정해 준다는 말입니다.

수입금액 – 필요경비 = 소득금액,
1억원 – 8970만원 = 1030만원

소득금액은 1030만원이 됩니다.

여기에 소득공제를 받고 세율을 곱한 뒤 세액공제를 받으면 종합소득세가 결정됩니다.

사업을 시작한 다음 해의 첫 번째 종합소득세는 추계신고가 가능하기에 크게 부담되지 않습니다.

직전 연도 수입금액에 따른 추계신고 대상 분류

초보사장님 작년(2019년)에 신규로 음식점 사업자등록을 하였습니다. 작년 수입금액은 1억7000만원입니다. 올해 저는 간편장부대상자인가요? 복식부기의무자인가요?

작년(2019년)에 신규로 사업자등록을 한 경우에는 수입금액에 상관없이 간편장부대상자가 됩니다. 장부작성 기준 금액은 직전 연도(2018년)의 수입금액을 기준으로 합니다. 그런데 직전 연도의 수입금액이 없으므로 간편장부대상자가 되는 것입니다.

초보사장님 그러면 추계신고가 가능한가요?

추계신고도 가능합니다. 작년(2019년)에 사업자등록을 했고 수입금액이 1억5000만원이 넘었으므로 기준경비율에 의한 추계신고가 가능합니다. 단순경비율에 의한 추계신고는 불가능합니다.

추계신고는 원칙적으로 기준경비율이 원칙입니다. 단순경비율은 수입금액이 일정 금액 이하인 경우만 적용할 수 있습니다.

작년에 사업자등록을 한 신규사업자는 다음 표를 참고하여 단순경비율, 기준경비율 어디에 해당되는가를 확인하면 됩니다.

만약 작년 수입금액이 1억원이었다면 단순경비율에 의한 추계신고가 가능합니다.

초보사장님 작년에 신규로 시작한 사업자는 다음 표를 기준으로 하면 된다고 하셨는데 계속사업자라면 추계신고 기준금액이 달라지나요?

네. 계속사업자인 경우에는 기준 금액이 많이 내려갑니다.

다음 표를 참고하세요.

업종별 단순경비율 대상자의 구분

업종	계속사업자 (직전 연도 기준)	신규사업자 (해당 연도 기준)
도매 및 소매업, 부동산매매업, 농업, 임업 및 어업, 광업 등	6000만원 미만	3억원 미만
제조업, 숙박업, 음식점업, 출판, 영상, 방송통신 및 정보서비스업, 전기, 가스, 중기 및 수도사업, 하수, 폐기물처리, 원료재생 및 환경복원업, 건설업, 운수업, 금융 및 보험업, 상품중개업, 욕탕업	3600만원 미만	1억5000만원 미만
부동산임대업, 수리 및 기타 개인서비스업, 부동산관련서비스업, 전문, 과학, 기술서비스업, 사업시설관리, 사업지원서비스업, 교육서비스업, 보건 및 사회복지서비스업, 예술, 스포츠 및 여가관련서비스업, 협회 및 단체 등	2400만원 미만	7500만원 미만

신규사업자는 간편장부대상자에 해당되며 위 표의 금액을 기준으로 추계신고 시 단순경비율, 기준경비율로 신고할 수 있습니다.

그러나 의사, 약사, 변호사, 변리사, 세무사 등 전문직 사업자들은 수입금액과 무관하게 단순경비율을 적용받을 수 없습니다.

2019년부터는 신규사업자와 계속사업자도 동일하게 과세연도 매출이 1억5000만원(음식점업인 경우) 이상이면 직전 연도의 수입금액과 상관없이 추계신고 시 기준경비율을 적용합니다.

단순경비율에 의한
소득금액 계산법

 초보사장님 단순경비율, 기준경비율이 도대체 무엇인가요?

종합소득세를 계산하려면 필요경비를 계산한 다음 소득금액을 산출해야 합니다.

장부는 필요경비를 계산하려고 작성하는 것입니다. 그런데 장부작성을 하지 않았다면?

장부작성을 하지 않은 사람들은 추계신고를 활용하면 됩니다. 세법에서는 각 업종별로 경비율을 만들어 놓았습니다.

대다수 서비스업의 단순경비율은 70% 전후입니다.

작년 수입금액이 5000만원이고, 단순경비율을 70%로 가정하여 필요경비를 계산해 보면,

필요경비 = 수입금액 × 단순경비율,
5000만원 × 70% = 3500만원

장부작성을 하지 않더라도 3500만원의 경비를 인정해 준다는 뜻입니다.

초보사장님 모든 사업자가 장부작성을 하지 않고, 단순경비율로 필요경비를 계산할 수 있나요?

업종, 수입금액별로 별도의 기준이 있습니다. 다음 표를 참고하세요.

추계신고란 영세한 업종의 종합소득세 신고를 도울 목적으로 만든 제도입니다. 추계신고의 원칙은 기준경비율입니다.

해당되는 업종이 두 개 이상인 경우에는 수입금액이 가장 큰 업종의 수입금액 기준으로 환산해 판단합니다.

초보사장님 사업자등록증에는 단순경비율이 얼마인가는 나와 있지 않은데, 확인할 수 있는 방법이 있나요?

업종별 직전 연도 수입금액에 따른 추계신고 대상 분류

직전 연도 사업소득 수입금액	추계신고	
업종별	기준경비율 적용대상자	단순경비율 적용대상자
1. 농업, 임업, 어업, 광업, 도매업 및 소매업 (상품중개업 제외), 부동산매매업, 아래 2와 3 에 해당되지 아니하는 사업	6000만원 이상자	6000만원 미만자
2. 제조업, 숙박 및 음식점업, 전기, 가스, 증기 및 수도사업, 하수, 폐기물처리 원료재생 및 환경복원업, 건설업, 운수업, 출판 및 정보서 비스업, 금융 및 보험업, 상품중개업 등	3600만원 이상자	3600만원 미만자
3. 법 제45조 제2항에 따른 부동산임대업, 부 동산관련서비스업, 전문과학 및 기술서비스 업, 임대업(부동산임대업 제외) 사업시설관리 및 사업지원서비스업, 개인서비스업 등	2400만원 이상자	2400만원 미만자

 사업자등록증의 업종은 한국표준산업분류표에 따라 코드화한 것인데, 이 업종코드별로 경비율이 정해집니다.

사업자등록증에는 업태와 종목만 표시됩니다. 사업주의 경비율은 홈택스를 이용해 확인할 수 있습니다.

조회발급 클릭 → 기타조회 클릭 → 기준(단순)경비율 클릭이 순서대로 하면 사업자의 기준(단순)경비율을 확인할 수 있습니다.

기준경비율에 의한
소득금액 계산법

　장부를 작성하지 않으면 수입금액을 기준으로 필요경비를
계산하는데, 수입금액이 크면 클수록 기장에 의한 신고보다 세
금이 많이 나오게 됩니다.

　그리고 추계에 의한 신고를 할 경우, 수익이 없음(적자)에도
세금이 계산되고 수입금액이 4800만원 이상이면 무기장가산세
가 발생됩니다.

　기준경비율 제도는 장부를 작성하지 않은 사업자의 소득금
액을 계산하기 위한 제도 중 하나로 수입금액에서 매입비용,
인건비, 임차료 등의 주요경비는 적격증빙을 수취한 경우에만
인정하고 나머지 비용은 기준경비율에 의해 필요경비를 인정

한 후 소득금액을 계산합니다.

단순경비율 적용대상자를 제외한 모든 무기장 사업자는 기준경비율을 적용합니다.

단순경비율 적용대상자는 기준경비율과 비교해서 유리한 방법으로 종합소득세 신고를 할 수 있습니다.

학원 기준경비율 적용 시 소득금액 계산 예시

수입금액: 2억원

주요경비: 5000만원

학원 기준경비율: 21.2%, 학원 단순경비율: 74.9%

기준경비율로 계산한 소득금액:

수입금액 − 주요경비 − (수입금액 × 기준경비율) =

2억원 − 5000만원 − (2억원 × 21.2%) = 1억760만원

초보사장님 기준경비율이 적용되는 사업자는 적격증빙을 수취해서 확인되는 주요경비를 필요경비로 인정해 준다는데, 따로 정해진 기준이 있나요?

종합소득세의 경우 사업에 관련한 지출을 장부에 기장했다면 전부 필요경비로 인정해 줍니다.

단 추계신고(기준경비율)를 할 때는 범위가 제한되는데 크게 매입비용, 임차료, 인건비로 제한이 됩니다.

매입비용

상품, 제품, 재료, 소모품, 전기료 등의 매입비용(사업용 고정자산의 매입 제외)과 외주가공비 및 운송업의 운반비를 말합니다.

식비, 보험료, 수리비 등의 금액은 인정되지 않습니다.

임차료

사업에 직접 사용하는 건축물, 기계장치 등 사업용 고정자산의 임차료를 말합니다.

인건비

급여와 퇴직금을 말합니다.

갖추어야 할 증빙서류는 세금계산서, 계산서, 신용카드매출전표, 현금영수증 등 적격증빙이어야 하고, 일반영수증을 받았다면(증빙불비가산세가 부과) 주요경비지출명세서를 제출해야 합니다.

인건비는 원천징수영수증이나 지급명세서 또는 지급 관련 증빙서류를 비치 보관해야 합니다.

09

소득상한 배율을 적용한 사례

앞서 살펴본 것처럼 모든 사업자는 장부를 작성해서 종합소득세 신고를 해야 합니다. 하지만 부득이하게 장부작성을 못했더라도 추계방식으로 신고 가능합니다.

추계방식에는 두 가지가 있습니다. 바로 단순경비율과 기준경비율 신고입니다.

일반적으로 장부작성이 안 된 사업자는 경비에 대한 세금계산서나 지급명세서 등이 없다 보니 기준경비율을 적용하면 많은 세금이 나오게 됩니다.

이러한 점을 보완하고자 기준경비율 대상자가 추계신고를 하는 경우, 단순경비율에 의해 계산된 소득금액의 일정 배율을 한도로 세금이 계산되도록 하고 있습니다.

이때 사용되는 배율은 간편장부대상자는 2.6배, 복식부기의무자는 3.2배입니다.

예를 들어, 매출 1억원에 적격증빙을 갖춘 경비가 7000만원이라면 소득금액은 다음과 같습니다. (한식당이고 기준경비율은 9.7%, 단순경비율은 88.6%라고 가정합니다.)

매출이 1억원이면 간편장부대상자에 속하므로 그에 해당하는 계산식을 적용합니다.

방법 1.

소득금액 = 수입금액 − 주요경비 − (수입금액 × 기준경비율)
= 1억원 − 7000만원 − (1억원 × 9.7%) = 2030만원

방법 2.

소득금액 = 수입금액 − (수입금액 × 단순경비율) × 배율 = 1억원 − (1억원 × 88.6%) × 2.6 = 2964만원

같은 조건에 적격증빙을 제대로 수취하지 못하였다고 가정하면,

방법 1.

소득금액 = 수입금액 − 주요경비 − (수입금액 × 기준경비율)
= 1억원 − 0원 − (1억원 × 9.7%) = 9030만원

방법 2

소득금액 = 수입금액 - (수입금액 × 단순경비율) × 배율 = 1억원 - (1억원 × 88.6%) × 2.6 = 2964만원

다시 한 번 정리해보면 기장을 해야 하는 사업자가 기장을 하지 않고 추계신고를 할 경우에 소득금액은 아래와 같이 계산합니다. (아래 식으로 계산된 소득금액 중 적은 금액을 선택하면 됩니다.)

간편장부대상자

1. 수입금액 - 주요경비 - (수입금액 × 기준경비율)
2. (수입금액 × (1 - 단순경비율)) × 배율(2.6)

복식부기의무자

1. 수입금액 - 주요경비 - (수입금액 × 기준경비율 × 1/2)
2. (수입금액 × (1 - 단순경비율)) × 배율(3.2)

10

장부를 작성해야
받을 수 있는 혜택

장부를 작성하면 다음 혜택이 있습니다.

1. 세무회계의 관점에서는 사업자에게 과세기간 동안 적자 (결손)가 발생한 경우, 10년간 소득금액에서 공제할 수 있습니다(부동산임대사업소득에서 발생한 이월결손금은 해당 부동산임대사업소득에서만 공제 가능).

2. 감가상각비, 대손충당금, 퇴직급여충당금 등을 필요경비로 인정받을 수 있습니다.

3. 장부를 작성하지 않은 경우보다 소득세 부담이 줄어듭니다.

4. 무기장가산세가 적용되지 않고 간편장부대상자가 복식부기로 기장, 신고하는 경우에는 기장세액공제가 가능합니

다. 가산세와 세액공제는 마지막 장에서 상세히 다루겠습니다.

5. 관리회계의 관점에서는 정확한 수익, 비용이 산출됩니다. 그럼으로써 사업장의 정확한 손익계산 매출액을 계산할 수 있습니다. 더불어 가격 변화에 따라 한계이익이 변하도록 이익 시뮬레이션을 해봐서 이익을 낼 수 있는 상황을 정확하게 예측할 수 있습니다.

장부를 작성하지 않았을 때의 불이익은 아래와 같습니다.

1. 세무회계의 관점에서는 적자(결손)가 발생해도 인정받을 수 없습니다.

2. 무기장가산세 20%를 추가로 부담해야 합니다.

3. 경비를 인정받을 수 없습니다.

4. 관리회계의 관점에서는 할인을 하더라도 정확히 매출을 예상해서 하는 할인이 아니기에 매출과 상관없이 적자가 발생하는 결과가 나올 수 있습니다.

세법에서는 비용을 '필요경비'라고 합니다.
앞서 예기했듯이 사업운영과 직간접적으로 관련되어 있어야
비용으로 인정받을 수 있습니다.
그러므로 같은 식당에서 같은 음식을 먹어도
직원과 함께 회식을 하면 비용으로 인정이 되고
가족과 식사한다면 이는 비용으로 인정받을 수 없습니다.
이에 대한 입증 책임은 납세자인 사업주에게 있습니다.

chapter 3

사업자 유형과 필요경비

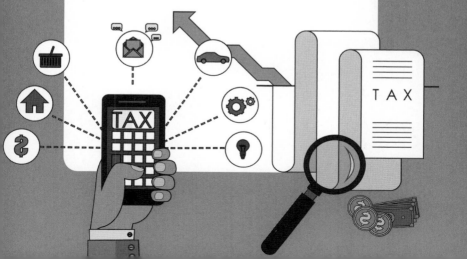

종합소득세 신고안내문

국세청에서는 종합소득세 신고를 앞두고 신고와 관련한 안내문을 각 사업자에게 발송합니다. 사업자 주소지로 발송되는데 안내문을 받았다면 잘 확인해야 하고, 아래 1, 2번에 해당하는 사업자는 반드시 세무대리인을 통해 신고해야 합니다.

1. 개별관리대상자

신고성실도 허위자 및 불성실 신고자를 개별관리대상자로 지정해 집중관리 합니다. 이런 안내문을 받았다면 반드시 성실 신고를 해야 합니다.

2. A 유형

A 유형 사업자는 '자료상'과 거래한 자, 조사 후 소득률 하락 자 등 일곱 가지 유형으로 나뉘는데 이런 경우에도 반드시 성실신고를 해야 합니다.

- 조사 후 신고소득률 하락: 조사 후 신고소득률이 크게 하락한 사업장으로 세무조사가 끝났다고 불성실하게 신고하면 분류가 됩니다.
- 가공인건비 계상 혐의자: 매출대비 급여를 과대계상 하는 등의 혐의가 있다고 판단되는 경우에 발행되는 안내문입니다.
- 기타경비 문제사업자: 일정매출액 이상인 사업자 중 기타경비가 많이 계상된 사업자에 대한 안내문으로 소득세 신고시 허위, 과대 비용을 계상하지 않도록 주의해야 합니다.
- 소득금액조절혐의자: 인위적으로 소득금액을 조절하는 경우가 없도록 주의해야 합니다.
- 계산서 수수질서 문란자: 이런 안내문을 받은 경우에는 허위 매입계산서를 수취하여 가공경비를 계상했다는 혐의를 받은 것입니다.

3. B 유형

기장신고자나 전년도에 기장신고를 한 사업자는 추계대상자가 아닌 한 당해 연도에도 기장신고를 해야 합니다.

4. C 유형

금년도 복식부기대상자 중 전년도 추계신고를 한 사업자가 해당되고 당해 연도에는 복식부기로 신고해야 합니다.

5. D 유형

금년도 기준경비율 신고가 가능한 사업자.

6. E 유형

사업장이 두 개 이상이거나 사업소득, 부동산소득이 함께 발생하는 사업자.

7. F 유형

금년도 단순경비율 신고가 가능한 사업자.

8. G 유형

금년도 단순경비율 신고가 가능하나 세액계산은 제외되어 있어서 본인이 직접 계산해야 하는 사업자.

9. H 유형

단일소득 단순경비율 대상자 중 EITC(근로장려세제), CTC(자녀장려세제) 안내 대상자

신고유형 E, F, G, H에 해당하면, 단순경비율로 소득금액을 계산할 수 있습니다.

대다수 서비스업의 단순경비율은 70% 내외입니다.

가령 작년 수입금액이 5000만원이고, 단순경비율이 70%라고 가정해 필요경비를 계산해 보면,

필요경비 = 수입금액 × 단순경비율 = 5000만원 × 70% = 3500만원

장부작성을 하지 않더라도 3500만원의 경비를 인정해 준다는 뜻입니다.

02

사업 규모에 따른
종합소득세 신고방법

개인사업자는 종합소득세 소득금액을 유리한 방식으로 계산할 수 있습니다.

가장 먼저 간편장부대상자인지, 복식부기의무자인가를 파악하고 추계신고가 가능한가를 확인해야 합니다.

그런 다음에 추계신고가 유리한지, 기장신고가 유리한지를 판단해야 합니다.

학원을 예시로 들어 수입금액에 따른 신고방법을 다음 표에 정리했습니다.

학원규모에 따른 종합소득세 신고방법

	단순경비율	기준 경비율	간편 장부	복식 부기	성실 신고
신규사업자	가능(수입금액 7500만원 미만)	가능	가능	가능	해당 없음
직전 연도 수입금 액 2400만원 미만	가능	가능	가능	가능	해당 없음
직전 연도 수입금 액 2400만원 초과 7500만원 미만	불가	가능	가능	가능	해당 없음
직전 연도 수입금 액 7500만원 이상 1억5000만원 미만	불가	가능	불가	가능	해당 없음
직전 연도 수입금액 1억5000만원 이상	불가	가능	불가	의무	해당 없음
직전 연도 수입금 액 5억원 이상	불가	가능	불가	의무	의무

　　종합소득세 신고 방식은 위 표에 따라 사업자가 유리한 방식
으로 선택 가능합니다 .

성실신고확인제도

　일정액 이상의 수입금액(매출액)이 있는 개인사업자가 종합소득세를 납부하기 전에 신고내용과 증빙서류 등을 의무적으로 세무대리인에게 검증받도록 하는 제도를 성실신고확인제도라고 합니다.

　이 제도를 도입한 목적은 과세당국이 일정 금액 이상 고소득 자영업자만이라도 세무대리인을 통해 세금탈루 행위가 있는지 정밀하게 확인하려는 것입니다. 즉, 세무대리인이 국세청을 대신하여 세무검증을 하는 것입니다.

　세무대리인은 매출누락, 가공경비, 업무무관경비 등을 확인하고 지출비용에 대한 적격증빙 여부와 금액의 과다계상 여부를 확인합니다. 가공 인건비, 회사소유 차량을 개인이 업무와 무관하게 사용하였는가 등의 업무무관 경비도 확인합니다.

세무대리인이 이를 똑바로 처리하지 않으면 자격정지 등의 징계 조치를 받습니다.

성실신고확인제도 관련 주요 확인 내용은 아래와 같습니다.

- 주요 사업 현황 관련: 사업장 현황(직원 수, 사업장 면적, 임차보증금 등), 사업내역 현황(주요 매입처, 주요 유형자산 명세, 차입금 및 지급이자 현황 등)
- 지출비용에 관한 적격 여부 확인: 지출비용에 관한 적격증빙 수취 여부, 3만원 초과 거래에 대해 적격증빙이 없는 비용의 명세 및 미수취 사유, 장부상 거래액과 적격증빙 금액의 일치 여부를 전수 조사(과다 비용 계상 항목의 확인)
- 업무무관경비 여부 확인: 인건비(특수관계자에게 지급한 인건비가 있는 경우 실제 근무 여부 확인, 아르바이트, 일용직 등의 가공경비 여부), 차량유지비(업무용 차량 보유 현황, 용도 등을 검토하여 가정용 차량 유지 관리비 등 업무무관경비의 변칙 계상 여부 확인), 통신비(가족, 친척의 명의로 지급한 통신비 및 해외 통신비 내역 등을 확인하여 개인적 경비의 변칙 계상 여부 확인), 복리후생비(접대성 경비 또는 개인 지출 경비 등을 복리후생비로 계상하는지 여부 확인), 접대비/여비교통

비(지출내용, 목적, 장소 등을 검토하여 개인적 경비의 변칙 계상 여부 확인), 이자 비용(차입금 현황, 차입처, 차입금 용도 등을 검토하여 사업과 관련 없는 이자의 존재 여부 확인), 감가상각비(사업내용, 유형자산 및 인테리어의 취득목적 및 실물 등을 검토하여 업무무관자산, 가공자산에 대한 감가상각비 계상 여부 확인), 건물관리비(사업용, 비사업용 건물 소유 현황 등을 검토하여 개인적 경비의 변칙 계상 여부 확인)

- 수입금액 관련: 사업 현황과 인건비, 매입비용과의 관계 비교분석, 고액현금거래에 대한 현금영수증 발행 여부, 누락한 수입금액 존재 여부, 친인척, 직원 명의 등 차명계좌에 입금된 수입금액의 누락 여부

성실신고확인대상자가 되면 5월에 종합소득세 신고를 하지 않고 6월에 종합소득세를 신고, 납부해야 합니다. 성실신고확인대상 사업자가 6월 30일까지 성실신고확인서를 제출하지 않은 경우에는 아래의 가산세가 부과됩니다.

성실신고확인서 미제출가산세=종합소득세 산출세액×5%

성실신고확인대상자가 되려면 세무대리인이 성실신고확인서라는 별도의 서식을 제출해야 합니다. 그러므로 세무대리인

에게 지급하는 수수료 또한 늘어납니다.

2018년부터 순차적으로 기준 금액이 낮아지고 있으니 다음 표를 참고하세요.

성실신고확인대상 사업자 기준 금액

구분	농업, 도소매업 등	제조, 건설업 등	서비스업 등
2018~2019년	15억원 이상	7억5000만원 이상	5억원 이상
2020년 이후 (예상)	10억원 이상	5억원 이상	3억5000만원 이상

 초보사장님 성실신고대상자는 교육비 공제가 되나요?

 개인사업자 중 성실신고대상자가 교육비 세액공제를 받으려면 몇 가지 조건을 충족해야 합니다.

해당 과세기간 개시일 현재 2년 이상 계속사업자라는 조건과 해당 과세기간의 수입금액이 직전 2년 평균 수입금액의 50%를 초과해야 가능합니다.

성실신고대상자의 의료비, 교육비 세액공제

성실신고확인서를 제출한 성실신고대상자가 교육비나 의료

비를 지출한 경우에 지출한 금액의 15%에 해당하는 금액은 세액공제가 가능합니다.

성실신고 확인비용 세액공제

성실신고확인에 직접적으로 사용한 비용의 60%에 해당하는 금액은 최대 120만원까지 세액공제가 가능합니다.

예를 들어, 세무대리인에게 200만원을 주고 성실신고를 맡겼다면 60%인 120만원은 세액공제를 받을 수 있습니다.

비용인정의 기본 요건

종합소득세 신고에서 비용은 매우 중요합니다.

세금은 번 돈이 아닌 번 돈에서 벌기 위해 쓴 돈(비용)을 차감한 순수익을 기준으로 계산되기에 비용이 많으면 많을수록 줄어드는 구조를 가지고 있습니다.

사업을 운영하다 보면 인건비, 임대료, 재료비, 카드수수료 등 수많은 비용을 지출합니다. 사업운영과 관련된 지출이라면 일단 비용으로 봐도 무방합니다.

그런데 사업운영에 필요한 지출이면 무조건 비용으로 인정될까요?

비용으로 인정받으려면 다음 세 가지 기준을 충족해야 합니다.

1. 사업운영과 관련된 비용이어야 합니다.
2. 해당비용 지출에 대한 증빙(종합소득세는 소명용증빙이더라도 비용으로 인정)을 수취해야 합니다.
3. 증빙을 기준으로 장부를 작성해야 합니다.

세법에서는 비용을 '필요경비'라고 합니다. 앞서 얘기했듯이 사업운영과 직간접적으로 관련되어 있어야 비용으로 인정받을 수 있습니다.

그러므로 같은 식당에서 같은 음식을 먹어도 직원과 함께 회식을 하면 비용으로 인정되고 가족과 식사한다면 이는 비용으로 인정받을 수 없습니다. 이에 대한 입증 책임은 납세자인 사업주에게 있습니다.

'총액주의'로 수입과 비용을 처리해야지 '순액주의'로 수입과 비용을 처리하면 매출누락으로 문제가 발생하게 됩니다.

가령 식당 손님이 신용카드로 결제했다면 식당의 수입은 카드사에서 정산되어 입금되는 금액이 아닌 신용카드 결제금액이 되며 신용카드사에서 정산되는 신용카드수수료는 비용으로 처리해야 합니다.

지급수수료도 세금계산서 같은 적격증빙을 수취해야 하지만, 신용카드 수수료 등 금융비용에 대한 증빙은 해당 카드사의 정산명세서로 증빙처리를 하면 됩니다.

 초보사장님 다른 지급수수료는 무엇이 있나요?

세무사에 지급하는 기장수수료와 세무 조정료도 비용 처리가 가능합니다. 이에 대한 증빙은 세금계산서를 받아두면 됩니다.

초보사장님 거래처로부터 물품을 구입하고, 상대사업자 명의로 계좌이체를 하였습니다. 계좌이체 내역만으로 필요경비 처리가 가능한가요?

사업자가 물품 구입을 하고 계좌이체를 했다면 거래를 증명할 수 있는 객관적 자료이기는 하나, 세법에서는 입금 내역만으로 증빙이 되었다고 인정하지 않습니다. 거래를 증명할 수 있는 증빙이 많으면 많을수록 소명용증빙으로 좋습니다.

질문의 경우라면 거래를 입증할 수 있는 거래내역서, 사업자가 영세사업장이라면 상대 사업자번호가 표시되어 있는 간이영수증 등의 추가 증빙이 있다면 필요경비 처리를 해도 무방합니다. 단순히 계좌이체 내역만으로는 필요경비 처리가 불가능합니다.

필요경비 처리가
불가능한 비용

국가가 정책적으로 사업에 관련된 경비임에도 소득세법에서 필요경비로 인정하지 않는 비용이 있습니다.

필요경비로 인정하지 않는 경비는 필요경비에서 제외해야 합니다. 만약 장부상 필요경비로 처리했다면 세무조정을 통해 필요경비 불산입 처리를 해야 합니다.

그리고 기부금은 사업과 직접 관련이 없는 지출임에도 일정 한도 내의 금액을 필요경비로 인정해줍니다.

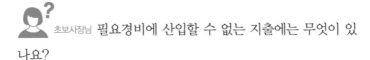 초보사장님 필요경비에 산입할 수 없는 지출에는 무엇이 있나요?

아래와 같습니다.

1. 소득세와 지방소득세

2. 벌금과 과태료

3. 납부의무불이행으로 인한 가산세, 가산금

4. 법령에 따른 의무의 불이행 또는 금지, 제한 등의 위반에 따른 제재로서 부과되는 공과금

5. 업무와 무관한 지출

6. 사업자의 가사와 관련한 지출

7. 감가상각비 한도초과액

8. 대손요건을 충족하지 못하는 대손상각비

9. 접대비 한도초과액

10. 기부금 한도초과액

11. 다음 연도 이후의 비용에 해당하는 비용의 선급액

12. 부가가치세 매입세액(공제되지 않은 매입세액은 필요경비에 산입 가능)

13. 사업과 관련이 없어 보이는 이자 비용

 초보사장님 접대비 한도는 어떻게 계산하나요?

 세법에서 접대비는 한도액을 정해 놓고 있습니다. 그

러므로 한도액을 초과하는 접대비는 비용으로 인정받을 수 없습니다.

개인사업자 접대비 한도액은 아래와 같이 계산됩니다.

$$접대비 한도액 = \left\{ 1200만원(중소기업은\ 2400만원) \times \frac{당해\ 과세기간의\ 월수}{12} \right\}$$
$$+ (수입금액 \times 적용률)$$

수입금액별 적용률

수입금액	적용률
100억원 이하	0.2%
100억원 초과 ~ 500억원 이하	2000만원 + 100억 초과금액의 0.1%
500억원 초과	6000만원 + 500억 초과금액의 0.03%

제가 아는 김 사장님은 2019년 1년간 접대비를 아래와 같이 지출하였습니다.

- 2019년 수입금액: 4억3000만원
- 사업자 명의 신용카드 접대비 금액: 2600만원
- 배우자 명의 신용카드 접대비 금액: 100만원
- 현금지출 접대비 금액: 100만원

여기서 접대비에 해당하는 금액은 2600만원입니다(배우자 명의 신용카드와 현금지출은 적격증빙이 아니므로 접대비로 인정받을 수 없습니다).

접대비 한도액을 계산해 보겠습니다.

(1200만원 × 12/12) + (4억3000만원 × 0.2%) = 1286만원

그러므로 2600만원을 접대비로 사용했지만, 비용으로 인정받을 수 있는 금액은 1286만원이 됩니다.

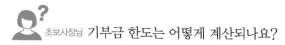 초보사장님 기부금 한도는 어떻게 계산되나요?

기부금으로 지출한 금액은 종합소득세 신고 시 소득세법에서 정한 한도 내 금액(지정기부금: 소득금액의 30%, 종교단체 기부금: 소득금액의 10%)까지 필요경비로 처리 가능합니다.

06

소명용증빙은 뭉칠수록
힘이 세진다

증빙이란 증거를 말합니다. 그러니 증빙서류란 증거서류를
말하는 것입니다.

대표적인 증빙으로 가게에서 물건을 살 때 받는 영수증, 신
용카드매출전표, 세금계산서 등이 있습니다.

증빙이 필요한 이유는 돈을 실제로 지출했는가를 확인하기
위해서입니다. 사업에 관련한 모든 거래는 증빙을 갖추어야 합
니다.

만약 증빙을 갖추지 않았다면 거래 사실을 인정해주지 않습
니다. 따라서 사업에 관련한 물품을 구입했는데 아무런 증빙을
받지 않았다면 당연히 비용처리가 되지 않기에 사업자의 세금

은 늘어나는 것입니다.

세무상 비용으로 인정하는 증빙은 크게 두 가지로 나뉩니다.

하나는 적격증빙(법정지출증빙), 다른 하나는 소명용증빙입니다.

이러한 증빙은 신고기한이 지난 날부터 5년간 보관해야 하는 의무도 있습니다(법인세법 제116조).

지출이 실제로 발생한 시점이 아니라, 신고기한으로부터 5년입니다.

예를 들면, 개인사업자는 2019년 동안 발생한 지출에 대해 2020년 5월 말일까지 종합소득세 신고를 해야 하므로 2019년 지출된 증빙은 2025년 5월 말일까지 보관해야 할 의무가 있습니다.

실제로 사업과 관련해서 경비를 지출했는데, 이를 개인 경비로 오해하지 않도록 하려면 어떻게 해야 할까요?

예를 들어, 직원과 펜션으로 워크샵을 갔다면 직원과 단체사진 정도는 찍어둡니다. 당연히 경비를 지출한 펜션을 배경으로 사진을 찍어야겠죠. 날짜가 나와 있는 현수막을 배경으로 하면 가장 좋겠네요.

이것은 개인적인 지출이 아니라 업무와 관련해서 지출한 비용임을 입증하는 자료를 남기기 위함입니다.

소명용증빙은 형태가 중요하지 않습니다. 경비지출 내역과 이를 입증하는 사진이 함께하면 완벽한 소명자료가 되는 것입니다.

그리고 업무상 출장이 잦은 사업자는 '출장여비정산서'라는 장부를 하나 더 만드는 것을 추천합니다.

단순히 숙소 영수증과 식대 영수증만 있다면 업무와 관련해서 비용을 지출한 것인지, 개인적으로 놀러 가서 지출한 것인지 구분할 방법이 없습니다. 그러나 출장여비정산서라는 장부가 있으면 업무상 경비를 입증하는 데 도움이 됩니다.

소명용증빙은 뭉치면 뭉칠수록 힘이 강해집니다.

매입세금계산서에 대한 소명요청

　도매업을 하는 최 사장님은 관할 세무서로부터 3년 전 제1기 부가가치세 신고 시 제출한 매입세금계산서 거래에 대한 소명 요구를 받았습니다. 세무서는 해당 거래와 관련하여 거래명세표, 대금 지불 내역, 기타 증빙을 요구했습니다.

　왜 이런 일이 발생하였을까요?

　상대 사업자가 그 거래에 대한 매출 신고를 하지 않았기 때문입니다.

　부가가치세는 동일한 거래에 대해 매입자, 매출자 신고가 동시에 이루어지므로, 어느 한쪽이 신고를 누락하면 바로 확인 가능합니다.

최 사장님은 어떻게 소명해야 할까요?

실제 거래를 입증하는 가장 효과적인 소명 방법은 상대 사업자의 계좌로 해당 금액을 이체하는 것입니다.

문제는 현금을 주고받았을 때입니다. 현금거래는 추가적인 증빙 없이는 소명되었다고 인정되지 않습니다.

만약 현금으로 거래했다면, 실제 거래를 입증할 수 있는 매입 장부의 기록, 거래명세표, 택배영수증 등의 추가 소명자료가 필요합니다.

한 번 더 얘기하지만 소명용증빙은 거래 관계를 입증할 증빙이 많으면 많을수록 쉽게 인정됩니다.

퇴직금 비용처리

인건비를 지급하고 필요경비로 처리하려면 원천세를 신고, 납부해야 하고 지급명세서를 제출해야 합니다.

원천세는 세금을 제한 후 급여를 지급하고, 지급한 다음 달 10일까지 신고, 납부해야 합니다.

상시근로자 수가 20인 이하인 소규모 사업자는 반기별 납부를 신청할 수 있습니다. 반기별 납부는 6월과 12월에 신청 가능합니다.

지급명세서란 직원별로 1년간 지급한 총금액과 징수한 세금이 얼마인지 정리해 원천징수된 소득의 종류에 따라 분기 말일의 다음 달 10일, 1월과 7월 또는 다음 연도 2월 말 또는 3월 10일까지 제출해야 하는 서류를 말합니다.

일용직 직원이라면 2019년부터 분기의 마지막 달의 다음 달 10일까지 지급명세서를 제출해야 합니다.

기타소득, 이자 및 배당소득 등은 다음 연도 2월말까지 제출해야 합니다.

근로소득, 사업소득(프리랜서)은 1월과 7월에 간이지급명세서를 제출해야 합니다.

두 가지 서식을 제출하지 않고 비용을 인정받으려 하면 인건비의 1% 가산세가 발생합니다(기한 경과 후 3개월 이내에는 0.5%).

퇴직금은 계속근로연수 1년에 대해 30일분 이상의 평균임금을 지급하는 것을 말하며, 세법상 퇴직금은 사업과 관련된 지출이므로 직원에게 지급한 퇴직금은 필요경비로 처리가 가능합니다.

사업자는 퇴직연금에 가입할 수 있습니다. 퇴직연금에는 DC형과 DB형이 있습니다.

확정기여형(DC, Defined Contribution)

사업주가 매년 연봉의 12분의 1 이상을 개별 계좌에 적립하면, 직원이 자기 책임하에 은행, 보험, 증권사 등 금융회사에 운용방법을 지시하는 방식으로 개인에게 투자 운용 선택권을 주지만 손실 책임 또한 개인에게 있습니다. 운용성과에 따라

연금 또는 일시금이 변동되는 것입니다.

확정기여형 퇴직연금제도를 설정한 사업주는 납부한 부담금을 비용(퇴직급여)으로 처리할 수 있습니다

확정급여형(DB, Defined Benefit)

사업주가 퇴직금에 해당하는 금액을 은행, 보험, 증권사 등에 맡겨 운용하며, 직원은 퇴직 시 사전에 확정된 퇴직금만큼 연금 또는 일시금을 수령합니다.

사업주가 퇴직연금에 가입하지 않고 퇴직한 직원에게 퇴직금을 지급하는 경우에는 퇴직한 다음 달 10일까지 원천징수를 하고 해당 내역을 신고, 납부해야 합니다.

퇴직금은 근속연수에 따라 원천징수세액이 달라집니다. 국세청 홈택스에서도 세금 계산이 가능하므로 해당 세액을 공제한 후 퇴직금을 지급하면 됩니다.

차량 관련 비용처리

차량이 업무용으로 사용되었다는 것을 증명하려면 원칙적으로 운행기록부를 작성해야 합니다.

운행기록부에서 가장 중요한 내용은 업무용 사용 거리입니다. 업무용 사용 거리란 사업에 관련된 업무를 수행하려고 주행한 거리로, 출퇴근 거리도 포함됩니다. 거래처 접대를 위한 운행, 직원 경조사 참석을 위한 운행도 모두 업무용 사용 거리에 포함시킬 수 있습니다.

종합소득세 신고 시 업무용승용차 관련 비용명세서를 제출해야 하며, 운행기록부는 과세관청이 요청하면 즉시 제출해야 합니다. 업무에 관한 소명 책임은 사업주에게 있습니다.

차량가액이 5000만원이고, 1년간 지출한 차량 관련 비용(보험료: 120만원, 유류비: 400만원, 통행료: 30만원)이 550만원이라고 가정한 경우,

차량 관련 비용은 감가상각비 1000만원(차량은 정액법으로만 계산, 내용연수 5년) + 1년간 지출한 차량 관련 비용 550만원 = 1550만원

차량운행일지를 작성하지 않은 경우
차량 관련 비용 중 1000만원만 비용으로 인정됩니다.

차량운행일지를 작성한 경우
전체 운행 거리: 20,000km, 업무용 사용 거리: 18,000km인 경우, 1550만원 × 18,000km / 20,000km = 1395만원이 비용으로 인정됩니다.

운행 거리가 모두 업무용으로 사용된 경우
차량 관련 비용 1550만원 모두 비용으로 인정됩니다.

초보사장님 학원 차를 몰다 교통사고가 나서 위자료를 지급한 건 비용처리가 되나요?

업무수행 중 교통사고를 일으켜 피해자에게 치료비와 위자료를 지급했는데 사업주의 고의나 중대한 과실로 발생한 사고가 아닌 경우에는 지급한 피해배상금은 필요경비 처리가 가능합니다.

사업을 하다 보면 손해배상금이 발생하는 경우가 있는데, 비용처리에서 중요한 것은 중과실 여부입니다.

세법에서는 '사업업무와 관련한 손해배상금으로 고의 또는 중대한 과실로 타인의 권리를 침해함으로써 발생한 금액은 비용으로 인정하지 않는다'고 표기하고 있습니다.

그렇다면 고의 또는 중대한 과실이 없는 한 사업업무와 관련한 손해배상금은 필요경비로 산입이 가능하다는 뜻입니다.

경조사비 비용처리

사업과 관련된 경조사비는 경비로 인정받을 수 있습니다.

이따금 사업과 관련 없이 개인적으로 지출한 경조사비까지 경비로 처리하는데, 잦으면 이 역시 소명요청이 들어올 수 있습니다. 개인적인 일인지, 사업적인 일인지 어떻게 알 수 있느냐고 생각할 수 있지만 조금만 조사하면 금방 드러납니다.

경조사비도 다른 지출과 마찬가지로 증빙서류가 있어야 합니다. 그러나 현실적으로 적격증빙을 챙기기가 어려우므로 건당 20만원까지는 적격증빙이 없어도 필요경비로 인정해줍니다. 대신 경조사비를 지출할 때 지급일, 지급처, 지급금액에 대한 기록은 남겨두는 것이 좋겠죠?

초보사장님 직원이 결혼합니다. 평소의 근태도 양호해 축의금을 50만원 정도 지급할 예정입니다. 20만원을 초과하는데 어떻게 해야 하나요?

앞의 설명은 경조사비를 접대비 계정(거래처의 경조사시)으로 처리할 때를 말한 것입니다.

그러나 직원이라면 20만원을 초과해도 상관없습니다. 접대비가 아닌 복리후생비 계정으로 장부 관리를 하면 됩니다.

소명용증빙으로 청첩장, 경조사 지급에 관한 회사 내규, 직원의 결혼식 사진 등을 같이 관리하면 이상적입니다.

회사의 규모가 커질수록 거래처도 늘어나고 직원도 늘어나게 됩니다. 경조금 지출도 적지 않은 부분을 차지합니다. 그렇기 때문에 경조금 지출에 대한 정확한 기준을 마련해서 비용처리를 해야 합니다.

11

결손금, 이월결손금 경비처리

초보사장님 사업 규모가 크지 않아 지금까지 장부를 작성하지 않고 추계로 종합소득세를 신고했습니다. 지난해 거래처 부도로 커다란 손해를 보았습니다. 그래서 이번 종합소득세는 세금을 안 내도 될 거라고 생각했습니다. 관할 세무서에 문의를 했는데, 오히려 지난 번보다 세금을 더 낼 수도 있다고 합니다.

사장님과 같이 적자가 발생한 경우에는 반드시 장부를 작성해서 신고해야 합니다. 종전과 같이 추계로 신고하면 적자를 인정해 주지 않기 때문입니다.

종합소득세는 실제로 번 만큼의 소득에 대해 납부하는 세금입니다. 그러므로 이익이 발생하면 그만큼 세금을 납부해야 하고 손해를 봤다면 원칙적으로는 납부할 세금이 없습니다.

그렇다고 아무런 조건 없이 납세자의 말만 듣고 손해 사실을 인정해줄 수는 없다는 것이 국세청의 입장입니다. 장부와 증빙에 의해 결손 사실이 객관적으로 입증돼야 처리가 가능하기 때문에 장부 작성은 필수입니다.

- 결손금: 당해 연도의 수입보다 지출이 큰 경우의 차액을 말합니다.
- 이월결손금: 직전 연도 이전 5년 이내의 결손금 누적액 중 공제받지 않은 금액을 말합니다.

사업소득 중 부동산임대업 소득의 결손금 또는 이월결손금은 부동산임대업 소득에서만 공제할 수 있습니다.

기타 사업소득의 결손금이나 이월결손금은 다른 모든 종합소득세에서 공제할 수 있습니다.

예를 들면 기타 사업소득에서 500만원의 결손이 발생하고 부동산임대업 소득에서 1000만원의 소득이 발생한 경우, 종합소득세 계산 시 부동산임대업 소득에서 기타 사업소득의 결손금을 공제한 500만원이 과세대상이 됩니다.

반대로 부동산임대업 소득에서 500만원이 결손이고 기타 사업소득에서 1000만원 소득이 발행했다면 결손금이 인정되지 않으므로 1000만원이 과세대상입니다.

세법에선 부동산임대업 소득을 다른 소득보다 불리하게 취급합니다.

이월결손금이란 해당 과세기간의 결손금을 다른 소득금액에서 공제하고 남은 결손금을 말합니다. 이월결손금은 향후 10년 간 이월해서 계속 공제를 받을 수 있습니다. 만약 계속해서 이월결손금이 발생한다면 먼저 발생한 결손금부터 순차적으로 공제합니다.

결손금과 이월결손금이 동시에 있는 경우에는 아래와 같은 순서로 공제됩니다.

1. 부동산임대업 이외의 사업, 주거용 건물 임대업에서 발생한 결손금
2. 부동산임대업 이외의 사업, 주거용 건물 임대업의 사업소득 이월결손금
3. 부동산임대업(주거용 건물 임대업 제외)의 사업소득 이월결손금

한 번 더 강조하자면 이월결손금을 무조건 공제받을 수 있는 것은 아닙니다. 세법에서는 이월결손금 공제를 받을 수 없는 경우를 다음과 같이 정하고 있습니다.

1. 사업자가 종합소득세 신고를 추계로 하는 경우
2. 국세기본법에 따라 국세부과의 제척기간이 지난 후에 이월결손금이 확인된 경우

12

고정자산은 감가상각해야 한다

사장님들이 많이 잘못 알고 있는 부분 중 하나가 바로 인테리어 비용 등의 비용처리 방법입니다.

세법에서는 이를 고정자산으로 보아 일정 기간에 걸쳐 비용처리를 하도록 하고 있습니다. 이를 감가상각이라고 합니다.

감가상각 개념을 쉽게 이해하고자 회사 설비를 3000만원을 주고 구입했는데 이 설비가 매년 3000만원의 이익을 발생시켜 주고, 3년이 지나면 폐기 처분해야 한다고 가정해 보겠습니다.

첫해 설비로 3000만원의 이익이 발생하였습니다. 그런데 설비투자비 3000만원을 제외하니 이익은 0원이 됩니다.

다음 해, 그 다음 해는 3000만원씩 벌었으니 3년 동안의 이익은 6000만원이 되고 설비는 폐기처분 됩니다. 즉 설비를 통해서 6000만원의 이익이 발생한 것입니다.

그런데 여기서 세무서가 등장합니다. 그리고 이렇게 말합니다.

"당신의 회사는 3년 동안 같은 설비를 사용하고 같은 사업을 하며 3년 동안 매출이 같은데도 왜 이익이 들쭉날쭉 일정치 않습니까?"

조삼모사 같은 얘기일 수도 있으나 세무서의 속내는 첫해부터 이익이 없으면 세금을 부과할 수 없다는 데에 있습니다.

이러한 이유로 설비는 재무 상태표에 자산으로 계상하고 설비는 사용하면 사용할수록 자산 가치가 감소하기 때문에 사용 기간 동안 감가상각비로 비용을 계상한다는 규칙이 만들어졌습니다. 이 규칙에 따라 회사는 3년 동안 매년 1000만원씩 감가상각비로 비용을 계상합니다.

그러면 매년 이익은 2000만원으로 평준화되고 세무서는 첫해부터 세금을 부과할 수 있게 됩니다.

일정한 조건을 갖춘 경우에는 자산으로 계상되어 한 번에 비용처리 할 수 없고 감가상각을 통해 나누어 비용처리 해야 합니다.

건물, 인테리어, 시설집기 등의 경우를 유형자산이라 하고, 물리적 실체가 없는 자산(영업권, 특허권 등)을 무형자산이라고 합니다.

자산은 1년 이상 장기간에 걸쳐 사업 업무에 기여하는 것입니다. 건물, 인테리어, 비품, 차량 등은 일반적으로 1년을 초과해 사용할 것이 예상되기 때문에 한 번에 비용처리가 되지 않고, 일정 내용연수에 따라 감가상각 과정을 거쳐 비용으로 처리됩니다.

예전에는 컴퓨터도 자산으로 분류했으나 최근에는 소모성 성격이 강한 자산(특히 IT기기 등)으로 보아 한 번에 비용처리가 가능하도록 조정했습니다. 세법에서는 이를 즉시상각대상이라고 합니다.

감가상각방법 및 내용연수는 사업주가 적용하고자 하는 방법으로 신고할 수 있습니다.

이때 종합소득세 신고 시까지 감가상각방법 신고서를 제출해야 합니다.

단, 건물과 영업권은 정액법만 적용 가능하므로 변경할 수 없습니다. 그러므로 식당, 학원, 미용실 등을 운영하는 개인사업자는 비품에 대한 감가상각을 정률법에서 정액법으로 변경하는 것만 가능한데 절세효과는 더 떨어지기 때문에 실무에서 감가상각방법을 변경하는 경우는 거의 없습니다.

사업양도를 할 때 양도인의 장부가액으로 자산을 포괄승계를 받았다면 승계한 사업주가 적용하던 내용연수를 그대로 적용해야 합니다.

13

대출이자 경비처리

사업을 시작하거나 운영하는 도중 자금이 부족하면 일반적으로 금융기관에서 대출을 받습니다.

대출을 받으면 당연히 원금과 이자를 상환해야 합니다.

대출 원금은 비용처리가 불가능하고, 이자는 비용처리가 가능합니다. 대출이자를 비용으로 인정받으려면 아래 요건을 충족해야 합니다.

1. 장부기장

이자로 지출한 내역을 증빙서류로 갖추고 장부기장으로 신고해야 합니다.

2. 대출금이 자산 금액을 초과하지 않을 것

부채가 사업용 자산을 초과한다면 그에 따른 이자는 비용처리 되지 않습니다.

또, 공동명의의 출자금 성격의 대출이자는 경비로 인정되지 않습니다.

만약 부동산 임대 사업을 하려고 공동명의로 부동산을 취득했다면 은행에서 빌린 대출 이자는 필요경비로 인정되지 않습니다.

그 이유는 공동사업자의 경우 대출금이 실제로 부동산 취득자금으로 사용되더라도 법률상으로는 공동사업자가 각자의 지분비율에 따라 공동사업장에 출자하여야 할 출자금이 부족하여 대출을 받은 것으로 보기 때문입니다. 즉, 출자를 위한 대출이지 부동산의 공동임대사업 자체와는 무관한 부채라고 보는 것입니다.

사례를 하나 들어보죠. 중소형 빌딩을 매입하려고 7억원을 대출했고 그 이자가 4.3%라고 가정하면,

7억원 × 4.3% = 3010만원

종합소득세 세율 적용을 15%라고 가정하면,

3010만원 × 15% = 451만5000원

따라서 451만5000원의 세금을 더 납부한 셈이 됩니다.

물론 세율이 더 높은 경우에는 납부할 금액이 더 커지겠죠.

그러면 공동명의 빌딩 매입 시 대출이자 비용처리는 전혀 불가능한 것일까요?

그 방법은 부동산 매매계약서를 작성하기 전에 동업계약서를 작성하면 됩니다(모 세무사 블로그에서 보니 영업 비밀이니까 상담료를 지불하면 해결해 준다고 합니다).

동업계약서에 공동경영, 지분율, 각자의 출자금을 명시하고 계약금 또는 계약금과 중도금은 각자의 출자금으로 충당하며 나머지 취득자금은 임대보증금과 대출금으로 지급한다는 내용을 기재해야 합니다. 그리고 대출금 지급이자는 공동명의 건물의 임대수입에서 지급하기로 한다는 내용도 꼭 명시해야 합니다.

가사경비, 가공경비 비용처리?

개인사업자의 세금은 번 돈에서 벌기 위해 쓴 돈을 차감하는 방식으로 계산합니다.

이제 번 돈(수입금액)은 거의 투명해졌기에 어찌할 방법이 없고, 벌기 위해 쓴 돈(비용)을 잘 관리해야 세금이 줄어드는 구조입니다.

벌기 위해 쓴 돈은 철저히 사업과 연관성이 있어야 비용으로 인정해 줍니다.

세법에서는 개인적인 지출을 가사경비라 하고, 생기지도 않았는데 허위로 발생한 지출을 가공경비라 합니다.

가사경비, 가공경비는 비용으로 인정되지 않습니다. 그런데

도 비용으로 처리했다가 나중에 발견돼 소명요청을 받았는데 소명하지 못하면 많은 가산세가 부과됩니다.

"난 10년 넘게 사업을 했고, 때론 가사경비와 가공경비를 비용으로 처리했는데 현재 아무런 문제가 없어."

이런 말이 가끔 들립니다. 그는 거짓말한 걸까요?

국세청은 한정된 인력으로 정해진 시간에 세무조사를 하기 때문에 이런 일이 발생하기도 합니다.

2016년 기준으로 개인사업자의 수는 500만 명이 조금 넘고 세무조사를 받은 업체는 5000군데가 되지 않습니다. 확률적으로 보았을 때 약 0.1%입니다. 이들 중 수입금액이 1억원 미만인 개인사업자는 400명도 되지 않습니다. 전체 개인사업자의 0.01% 미만입니다.

세무조사 확률이 이렇게 낮다고 해서 가사경비, 가공경비를 막 처리해도 될까요?

많은 개인사업자가 세무사에게 맡겼다며 세무 공부를 등한시합니다. 세무사는 사업주가 전해준 증빙을 토대로 대리 신고만 할 뿐입니다.

사업자는 사업에 연관된 증빙을 제출해야 하니 '어떤 증빙을 제출해야 하는가?' 정도는 배워야 합니다.

'사장님, 얼마에 맞춰 드릴까요?'

고용 중인 세무대리인이 아직도 이런 말을 하나요?

점점 세상은 투명해집니다. 대부분의 가사경비, 가공경비는 전산으로 거의 걸러집니다.

만약 사장님의 세무대리인이 '얼마에 맞춰 줄까요?'라고 말한다면, 또 그렇게 맞춘다면, 그 세무대리인은 일을 잘하는 것일까요?

추후 문제가 발생하면 모든 책임은 사업주가 집니다.

종합소득세의 필요경비를 처리하려면 소명용증빙이라도 갖추어 놓아야 합니다.

부가가치세는 적격증빙이 있어야만 매입세액공제가 가능하고, 종합소득세는 소명용증빙이더라도 필요경비를 처리할 수 있습니다.

종합소득세를 신고하다 제일 많이 빠뜨리는 부분이
소득공제 항목입니다.
소득공제를 받을 수 있는 대상이 있는데도
이를 잘 알지 못하면 공제를 받지 못하게 됩니다.
소득공제를 받지 못하면 세금이 늘어나게 되므로
절세와는 거리가 멀어집니다.
이를 놓치지 않고 잘 챙겨서 공제를 받는 것이 곧 절세입니다.

소득공제와 세율

소득공제, 기본공제

초보사장님 작은 식당을 운영하고 있습니다. 장인, 장모를 부양하고 있었으나, 장인이 작년에 돌아가셨습니다. 올해 5월에 종합소득세 신고를 할 때 작년에 돌아가신 장인도 부양가족 공제를 받을 수가 있나요?

부양가족의 범위에는 배우자의 직계 존속도 포함이 됩니다.

과세 기간 중에 사망하셨으면, 이번 신고에서 소득공제가 가능합니다.

세법상 부양가족공제 대상 구분

관계	일반 명칭	연령 제한	생계 제한	소득 제한
직계 존속	아버지(계부), 어머니(계모), 조(외)부모, 증조(외)부모	만 60세 이상 인 자	생계를 같 이하는 부 양가족	연간 환산 소득금액 100만원 이하
직계 비속	자녀, 손자, 외손자	만 20세 이하 인 자		
형제 자매	동기간, 시누이, 시동생, 처남, 처제	만 20세 이하, 만 60세 이상 인 자		
입양자	자녀	만 20세 이하 인 자		
장애인	모든 관계	연령제한 없음		

근로소득자 연간환산 소득금액 = 총급여 − 비과세소득 − 근로소득공제

(가령 연간 소득금액 100만원 이상인 맞벌이 부부는 서로 공제대상에 포함되지 않습니다).

초보사장님 위 표에 종합소득세 소득공제를 받으려면 연간 환산 소득금액이 100만원 이하여야 한다는 규정이 있는데, 연간환산 소득금액은 어떻게 계산되나요?

각 소득별로 연간환산 소득금액은 아래와 같이 계산됩니다.

- 사업소득금액, 기타소득금액: 총수입금액에서 필요경비를 차감한 금액(기타소득금액 300만원 이하로 분리과세되는 기타소득금액과 무조건 분리되는 기타소득금액은 제외)
- 이자·배당소득금액: 비과세 분리과세되는 금액을 제외한 이자·배당소득금액 전액(원천징수된 이자·배당의 합계 연 2000만원 이하로 분리과세되는 금액은 제외).
- 연금소득금액: 과세대상 연금수령액에서 연금소득공제를 차감한 금액(총연금액 연 1200만원 이하로 분리과세되는 사적 연금소득은 제외)
- 퇴직소득금액: 비과세소득을 제외한 퇴직금 전액
- 양도소득금액: 양도가액에서 필요경비 및 장기보유특별공제 등을 차감한 금액

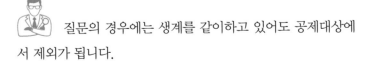 초보사장님 이혼한 부인이 생계를 같이하고 있는데, 이런 경우는 소득공제가 되나요?

 질문의 경우에는 생계를 같이하고 있어도 공제대상에서 제외가 됩니다.

사업주의 직계 존속이 주거의 형편에 따라 별거하고 있는 경우에도 직계 존속이 독립된 생계 능력이 없어 사업주가 실제로 부양하고 있는 경우에는 기본공제를 받을 수 있습니다.

초보사장님 부양가족으로 배우자, 자녀 3명(만20세 자녀 1명, 만20세 이하 자녀 2명), 부모님 두 분 모두 만 60세 이상입니다. 배우자는 연봉이 2000만원입니다. 기본공제를 얼마나 받나요?

배우자를 제외한 모든 가족은 기본공제를 받을 수 있습니다. 배우자는 총급여액이 500만원 이상이므로 제외됩니다. 따라서 150만원 × 6명(본인, 부모님 2분, 자녀 3명) = 900만원을 기본공제 받을 수 있습니다.

초보사장님 8월에 이혼을 했습니다. 배우자 공제가 가능한가요?

공제대상여부 판정 기준일은 과세기간 종료일(매년 12월 31일)을 기준으로 합니다. 그러므로 기본공제를 받을 수 없습니다.

혼인 신고도 반드시 12월 31일까지 해야 기본공제가 가능하고, 사망의 경우에는 사망일 전일을 기준으로 판단합니다. 만약 배우자가 1월 2일 사망했다면 기본공제를 받을 수 있습니다.

소득공제, 추가공제

1. 경로우대자 공제: 1인당 100만원

기본공제대상자가 70세 이상인(1949년 12월 31일 이전 출생, 2020년 5월 신고기준) 경우

2. 장애인 공제: 1인당 200만원

장애인복지법에 의한 장애인, 국가유공자 등 예우 및 지원에 관한 법률에 의한 상이자 및 이와 유사한 자로서 근로 능력이 없는 자, 항시 치료를 요하는 중증환자, 장애아동복지지원법에 따른 발달재활 서비스를 지원받고 있는 장애아동

3. 부녀자 공제: 1인당 50만원

사업주가 여성, 기혼, 종합소득금액 3000만원 이하(2014년부터 적용)라면 무조건 공제가 가능하고, 미혼이라면 종합소득금액 3000만원 이하면서 부양가족이 있는 세대주에 한해서 가능합니다.

4. 한부모 소득공제: 100만원

배우자가 없는 사업주가 기본공제대상자이면서 직계비속 또는 입양자가 있는 경우면 100만원을 공제받을 수 있습니다.

부녀자 공제와 중복되는 경우에는 한부모 소득공제만 적용됩니다.

국민연금보험료는 전액 공제가 됩니다.

만약 종합소득금액을 초과한 경우에는 초과하는 금액은 없는 것으로 합니다. 이월결손금처럼 다음 해로 이월되지는 않습니다.

노란우산공제에 가입하여 납부하는 공제부금에 대해서는 최대 500만원까지 공제가 가능합니다.

건강보험료 등 보험료 공제, 신용카드 등 사용액 공제, 주택자금관련공제, 장기집합투자증권저축공제 등은 근로소득자만 받을 수 있으므로 사업소득자는 해당 사항이 없습니다.

03

소득공제, 노란우산공제

　노란우산공제제도는 중소기업협동조합이 설립한 경제단체인 중소기업중앙회가 운영하며, 소기업, 소상공인의 폐업, 노령 등에 따른 생계위험으로부터 생활안정을 기하고, 사업재기의 기회를 제공하는 사회안전망 구축의 일환으로 도입되었습니다.

　일명 자영업자의 퇴직금이라 불리는 노란우산공제는 종합소득세 신고 시 소득공제가 되며, 법에 의해 압류가 금지돼 있어 폐업 등을 하더라도 안전하게 생활안정과 사업재기 자금으로 활용할 수 있습니다.

　그리고 상해로 인한 사망 및 후유장애 발생 시 2년간 최고

월부금액의 150배까지 보험금이 지급되며, 보험료는 중소기업 중앙회가 부담합니다.

그럼 종합소득세 절세 효과는 어느 정도일까요?

과세표준을 기준으로 200만원부터 최대 500만원까지 소득공제를 받을 수 있습니다.

과세표준	최대 소득 공제한도	세율	초대 절세효과
1200만원 이하	500만원	6.60%	330,000원
1200만원 이상~ 4600만원 이하	300만원~ 500만원	16.50%	495,000~825,000원
4600만원 이상~ 8800만원 이하	300만원	26.40%	792,000원
8,800만원 이상~ 1억5천만원 이하	200만원~ 300만원	38.50%	770,000원~1,155,000원
1억5천만원 이상~ 5억원 이하	200만원	41.80%	836,000원
5억원 초과	200만원	44%	880,000원

조금 어렵죠?

간단히 매월 25만원을 납부하면 1년에 300만원이 됩니다. 과세표준 금액이 5000만원이라면 납부한 300만원 전액을 소득공제 받을 수 있습니다.

노란우산공제부금 가입대상자

사업체가 소기업, 소상공인 범위에 포함되는 개인사업자 또는 법인의 대표자는 누구나 가입할 수 있습니다. 단, 법인의 대표자는 해당 과세기간의 총급여액이 7000만원 이하인 경우 소득공제를 받을 수 있습니다.

 초보사장님 소기업, 소상공인의 기준이 따로 있나요?

 소기업, 소상공인의 범위는 아래와 같습니다.

- 상시근로자 50인 미만: 광업, 제조업, 건설업, 운수업, 출판, 영상, 방송통신 및 정보 서비스업, 사업시설 관리 및 사업지원 서비스업, 보건, 사회복지 서비스업, 전문 과학 및 기술 서비스업
- 상시근로자 10인 미만: 상기 업종 외의 업종
- 가입제한 업종: 일반유흥주점업, 무도유흥주점업, 단란주점업

 초보사장님 노란우산공제 제도를 늦게 알았는데 벌써 연말이 다가오네요. 종합소득세 소득공제를 받을 목적으로 일시불

로 납부가 가능한가요?

 노란우산공제는 월납과 분기납으로 납부가 가능합니다.

분기납으로 99만원을 납부하고, 1월부터 월납부 33만원으로 변경은 가능합니다. 분기 납부는 월 납부를 분기에 한 번 납부하는 방식이며, 납부 금액은 1만원 단위로만 조정이 가능합니다.

노란우산공제의 납부 금액은 높은 금액으로는 익월부터 변경이 바로 가능하지만, 높은 금액에서 낮은 금액으로는 최소 3개월분은 납입해야 변경할 수 있습니다.

공제사유(폐업, 노령) 발생 시점까지 유지해야 손실이 발생하지 않습니다. 중도해지 시 소득공제받은 금액을 추징당하게 되며, 원금손실까지 볼 수 있으므로 이러한 점도 가입할 때 고려해야 합니다.

04

종합소득세 세율

종합소득세는 종합소득 과세체계를 도입한 1975년에 17개 과세표준 구간에 최저 8%에서 최고 70%까지 초과누진세율을 적용했다가 여러 차례 개정을 거쳐 1991년 6개 과세표준 구간에 최저 6%에서 최고 50%의 세율로 개편되었고 1996년에는 과세표준 구간을 4단계로 단순화하고 최고 세율을 40%로 인하했습니다.

2018년도부터는 과세표준 7단계, 5억원 초과 시 42%로 변동돼 현재까지 유지되고 있습니다.

부가가치세는 10%의 단일세율을 적용합니다. 그러나 종합소득세는 과세표준의 크기에 따라 6%~42%의 세율이 적용됩니다.

그런 이유로 매출액이 같은 사업자라도 순이익이 다르면 세금이 달라집니다.

사장님들이 간혹 이런 얘기를 나눕니다.

"나는 작년 매출이 5억원인데, 종합소득세를 2000만원가량 납부했어."

그러자 옆의 사장님이 "나도 5억 정도 되는데, 난 5000만원 넘게 납부했어"라고 말합니다.

그러고 나선 고용한 세무대리인의 자질을 평가합니다. 종합소득세를 적게 낸 사장님은 자신이 고용한 세무대리인의 능력을 칭찬합니다.

왜 이런 일이 발생했을까요?

바로 순이익이 달랐기 때문입니다. 둘 다 매출은 5억원으로 같다 하더라도, 처음 사장님은 순이익이 1억원이었고, 다른 사장님은 순이익이 2억원이었기 때문입니다.

그런 관계로 처음 사장님은 2022만원(1590만원 + 1200만원 × 36%)의 종합소득세를 납부를 하였고, 다른 사장님은 5660만원 (3760만원 + 5000만원 × 38%)의 종합소득세를 납부하였습니다.

세무대리인의 자질 문제가 아니라 수익이 달랐기 때문입니다.

여기서 눈여겨봐야 할 것은 수익은 두 배가 차이 나는데, 세금은 두 배 차이가 넘는다는 것입니다.

그 이유는 종합소득세는 누진세율 구조를 취하고 있기 때문입니다.

개인사업자의 종합소득세는 과세표준을 총 일곱 개 구간으로 구분해 세율을 적용합니다. 최저 6%에서 최고 42%의 누진세율입니다. 다음 표를 참고하세요.

여기서 과세표준이란 세금을 부과하는 데 기준이 되는 금액으로 '소득금액 – 소득공제'된 금액을 말합니다.

개인사업자 과세표준에 다른 종합소득세 세율

과세표준(소득금액 – 소득공제)	세율
1200만원 이하	과세표준금액의 6%
1200만원 초과 4600만원 이하	72만원 + 1200만원을 초과하는 금액의 15%
4600만원 초과 8800만원 이하	582만원 + 4600만원을 초과하는 금액의 24%
8800만원 초과 1억5000만원 이하	1590만원 + 8800만원을 초과하는 금액의 36%
1억5000만원 초과 3억원 이하	3760만원 + 1억5000만원을 초과하는 금액의 38%

3억원 초과 5억원 이하	9460만원 + 3억원을 초과하는 금액의 40%
5억원 초과	1억7460만원 + 5억원을 초과하는 금액의 42%

05

수익은 4배, 세금은 8배?

종합소득세의 계산 방식은 개인이 1년 동안 번 돈을 모두 합해 세율 구간에 따라 소득이 많으면 많을수록 더 많은 세금을 납부해야 하는 누진 구조입니다. 그러므로 소득이 늘어난 비율보다 세금이 올라가는 비율이 훨씬 커집니다.

도매업을 하는 최 사장은 수익은 4배가 늘었는데, 세금은 8배 이상 늘어서 오히려 수입이 줄었다고 하소연합니다.

세무대리인에게만 의존해 세금에 전혀 신경 쓰지 않은 결과입니다. 세금은 사업자가 기본을 알고, 증빙관리에 신경을 쓰면 무조건 내려갑니다.

그럼 최 사장이 수익은 4배가 늘었는데 세금은 왜 8배 이상

늘었는가 한번 살펴보겠습니다.

최 사장의 2018년도 사업 매출은 5억원이었습니다. 사업에 사용된 필요경비는 4억4000만원이었습니다. 소득공제와 세액공제가 없다고 가정해 종합소득세를 간단히 계산해 보겠습니다.

■ 소득금액 = 수입금액 − 필요경비 = 5억원 − 4억4000만원 = 6000만원

■ 종합소득세 = 과세표준 × 세율 = 582만원 + (1400만원 × 24%) = 918만원(세율 계산은 앞 장의 표를 참고)

최 사장의 사업은 2019년도 매출이 상승하여 6억원이 되었고, 전년도에 구입한 부동산의 임대소득이 1억원이 발생하였습니다. 필요경비에 대해서는 크게 신경 쓰지 않아서 전년도보다 1000만원이 늘어 4억5000만원이 지출되었습니다. 소득공제와 세액공제는 없다고 가정하고 2019년 종합소득세를 계산해 볼까요.

■ 소득금액 = 수입금액 − 필요경비 = 7억원(사업수입금액 6억원 + 부동산임대수입금액 1억원) − 4억5000만원 = 2억5000만원

■ 종합소득세 = 과세표준 × 세율 = 3760만원 + (1억원 × 38%) = 7560만원

소득금액이 늘어남에 따라 최 사장의 세율은 24%에서 38%로 늘어났습니다. 그런 이유로 종합소득세는 8배 이상이 된 것입니다.

종합소득세는 누진세율 구조이므로 적정한 비용처리 및 소득의 분산 등을 통해 사전에 관리해야 합니다. 그러지 않으면 앞으로 남고 뒤로 밑지는 수가 있습니다.

06

부부가 각각 다른 사업장을
운영할 때 소득공제는 어디?

부가가치세는 한 사람이 운영하는 사업장이 열 곳이라도 모두 따로 과세됩니다. 그러나 종합소득세는 모든 사업장의 소득을 합산하여 과세합니다. 만약 한 사업장에서 손해가 발생했다면 이익이 발생한 사업장의 소득에서 차감됩니다.

부부가 각기 다른 사업장을 운영한다면 사람별로 각각 과세되기 때문에 자녀를 소득금액이 더 많은 쪽의 부양가족으로 넣어야 소득공제를 더 많이 받을 수 있습니다.

가령 남편 사업장의 소득금액이 더 높아서 세율이 24%이고, 아내의 사업장의 소득금액이 더 적어서 세율이 15%라면, 자녀를 남편 쪽 부양가족으로 넣어야 세금을 줄일 수 있습니다.

07

소득공제 대상을 빠뜨리지 말자

종합소득세를 신고하다 제일 많이 빠뜨리는 부분이 소득공제 항목입니다. 소득공제를 받을 수 있는 대상이 있는데도 이를 잘 알지 못하면 공제를 받지 못하게 됩니다. 소득공제를 받지 못하면 세금이 늘어나게 되므로 절세와는 거리가 멀어집니다.

이를 놓치지 않고 잘 챙겨서 공제를 받는 것이 곧 절세입니다.

 초보사장님 아내가 자녀 교육을 위해 외국으로 이주해 있습니다, 소득공제가 가능한가요?

네, 가능합니다.

초보사장님 어머니가 사망하고 나서 아버지가 재혼을 하였습니다. 소득공제가 가능한가요?

직계 존속이 재혼한 경우에는 계부, 계모(사실혼 재외)도 소득공제가 가능합니다.

초보사장님 재혼을 하였습니다. 전처의 자식도 소득공제가 가능한가요?

재혼 전 배우자와의 혼인(사실혼 제외) 중에 출산한 자식도 소득공제가 가능합니다.

아동복지법에 따라 가정 위탁을 받아 양육하는 아동으로서 해당 기간에 6개월 이상 직접 양육한 위탁 아동도 공제가 가능합니다. 18세 미만의 위탁 아동만 해당되며 직전 과세기간에 소득공제를 받지 못한 경우는 해당 위탁 아동에 대한 직전 과세기간의 위탁 기간을 통합하여 계산합니다.

소득세에 대한 세액감면 및 세액공제 제도는
과세표준에 세율을 곱한 산출세액에서
특정한 사유에 해당되는 경우,
일정한 금액을 감면 또는 공제해주는 것을 말합니다.
대표적인 세액감면 규정으로는 중소기업을 대상으로 하는
조세특례인 '중소기업에 대한 특별세액감면' 및
'창업중소기업에 대한 소득세 감면' 등이 있습니다.
세액공제의 내용은 조세특례제한법에서 규정하고 있으며,
'연구인력개발비용에 대한 세액공제',
'고용창출과 관련한 세액공제',
'투자와 관련한 세액공제' 등이 있습니다.

chapter 5

세액공제와 가산세

자녀 세액공제

종합소득세 신고 시 소득공제는 소득금액에서 일정금액을 공제해주는 것을 말합니다. 이에 비해 세액공제는 과세표준에서 세율을 곱해서 나온 산출세액에서 일정 금액을 빼주는 것입니다.

가령 소득금액이 5000만원이면 24%의 세율이 적용되는데 소득공제를 500만원 받으면 4500만원이 과세표준이 되어 15%의 세율이 적용됩니다. 그러면 산출세액이 675만원이 되고, 여기서 세액공제를 200만원을 받았다면 납부할 세액은 475만원이 되는 것입니다.

그러면 세액공제 항목엔 어떤 것이 있는가를 살펴볼까요.

대표적으로 자녀 세액공제가 있습니다.

1. 자녀 세액공제

기본공제대상자에 해당하는 자녀(입양자, 위탁아동 포함)가 있는 경우에 자녀가 한 명이면 15만원을 세액공제하고, 두 명이면 30만원을 세액공제 받을 수 있습니다.

2. 6세 이하 자녀 세액공제

기본공제대상자에 해당하는 6세 이하 자녀가 있다면 세액공제 금액은 (6세 이하 자녀 수 − 1) × 15만원입니다.

3. 출산입양 세액공제

공제대상은 해당 과세기간에 출생, 입양을 신고한 경우입니다. 세액공제 금액은 출생자 또는 입양자 1인당 30만원입니다.

02

연금저축 세액공제

종합소득이 있는 거주자가 연금계좌에 납입하는 금액으로서 5년 이상 납입하고, 연금 형태로 받는 연금저축의 공제대상 한도는 연간 400만원(종합소득금액 1억원 초과 시 300만원이 한도)이며, 세액공제율은 종합소득금액 4000만원 초과 시 12%(4000만원 이하는 15%)이고, 매년 최대 60만원의 세액을 공제받을 수 있습니다.

개인연금에도 세액공제의 혜택이 주어지기는 하나, 나중에 연금을 수령할 때 연금소득세가 과세됩니다.

국민연금 등 공적연금을 제외한 사적연금 소득이 연간 1200만원을 초과하면 종합소득에 합산해서 과세됩니다.

은퇴 후 연금소득 이외의 소득이 많은 사람은 연금소득이 합산과세 되므로 세 부담액이 많아질 수 있습니다.

　이럴 때는 연금소득의 과세대상이 되는 사적연금 소득을 매월 100만원 이내로 조정하는 것이 유리합니다.

은퇴자 저는 연금소득 이외의 다른 소득은 없습니다. 1200만원 이내면 분리과세가 유리한가요?

　매월 사적연금 소득이 100만원 이하이고, 연금소득만 있다면 소득공제를 차감한 후의 소득금액은 줄어들게 되므로 종합과세를 선택하는 쪽이 유리할 수 있습니다.

　예를 들어, 매월 연금 100만원을 수령한다면, 5%를 원천징수하여 5만원, 연간 60만원의 소득세가 원천 징수됩니다.

　만약 종합소득세 신고를 한다면,

1200만원 － 590만원(연금소득공제 490만원 + 500만원 × 20%) － 150만원(본인 소득공제) = 460만원

　6%의 세율을 적용하면 27만6000원(460만원 × 6%)이 종합과세 됩니다.

　기납부세액(원천징수된 60만원)이 결정세액(27만6000원)보다

많으므로 환급이 발생하니 종합소득세 신고를 하는 쪽이 유리합니다.

연간 사적연금 수령액이 1200만원 이하면 종합과세와 분리과세 중에 선택할 수 있습니다.

03

개인형 IRP 상품 추가 한도

개인형 IRP 상품에 납입하면 세액공제를 받을 수 있습니다.

개인사업자들은 체계적인 방법으로 퇴직금을 적립할 방법이 없습니다. 이에 대한 일환으로 2017년 이후 개인형 IRP라는 계좌 개설이 허용되었습니다.

개인형 IRP는 기존에 세액공제 혜택을 주던 연금저축 상품과는 다른 개념입니다.

기존 연금계좌 납입액 한도는 1년간 400만원이지만, 개인형 IRP 계좌에 납입한 금액은 추가적으로 한도 300만원을 인정해 주고 있어 최대 700만원에 12~15%를 곱한 금액을 세액공제 받을 수 있습니다.

(해당 과세기간의 종합소득금액이 4000만원 이하인 거주자는 15%를 적용합니다.)

가령 연금저축을 500만원, 개인형 IRP를 200만원 납입하였다면 600만원(개인형 IRP 200만원 + 연금저축 400만원)이 세액공제 인정 한도가 됩니다.

사업주에게 여유 자금이 있다면 개인사업자의 퇴직금을 마련한다는 생각으로 노란우산 소득공제, 개인형 IRP 세액공제를 활용하면 좋을 듯합니다.

04

기장 세액공제

종합소득세는 장부작성에 의한 신고를 원칙으로 합니다.

여기서 말하는 장부란 복식부기에 의한 장부를 말합니다.

사업의 규모가 작은 사업자가 기록한 간편장부도 장부 신고로 인정하고 있는데, 만약 간편장부대상자가 간편장부가 아닌 복식부기 방식으로 종합소득세 신고를 하면 기장세액공제를 받을 수 있습니다.

기장세액공제는 사업소득만 있다면 세액의 20%(100만원 한도)를 공제해주며, 만약 다른 소득이 있다면 기장한 소득비율의 20%(100만원 한도)를 공제해줍니다.

기장세액공제의 계산법은 다음과 같습니다.

$$\text{기장세액공제 금액} = \text{산출세액} \times \frac{\text{기장신고 소득금액}}{\text{종합소득금액}} \times 20\%$$

초보사장님 제조업을 하고 있습니다. 지난 3월 전기 누전으로 화재가 일어나 많은 피해를 입었습니다. 화재 복구도 아직 되지 않았는데, 소득세 신고기한도 얼마 남지 않아 막막하기만 합니다.

사업자가 화재, 홍수, 기상이변 등 재해를 입은 경우 사업주는 타격을 크게 받을 수밖에 없습니다.

재해손실세액공제는 사업을 운영하던 중 재해로 자산총액의 20% 이상을 상실한 경우, 재해상실비율만큼 재해손실액 범위 내에서 종합소득세 세액을 공제해주는 제도입니다. 이때 상실된 자산에 토지는 포함되지 않습니다.

재해손실세액공제 금액 계산법은 아래와 같습니다.

$$\text{재해손실세액공제 금액} = \text{종합소득세 산출세액} \times \frac{\text{소득별 소득금액}}{\text{종합소득금액}}$$
$$\times \text{재해상실비율}$$

질문자의 경우, 3월에 화재가 발생했고 5월에 하는 종합소득세 신고는 전년도 수익에 대한 것이지만 소득세 신고기한이 지나지 않았기에 세액공제를 받을 수 있습니다(부과되지 아니한 소득에 해당).

재해손실 세액공제를 받으려면 재해손실세액공제 신청서를 관할 세무서장에게 제출해야 합니다.

05

표준 세액공제

종합소득세 세액공제 항목 중에서 표준세액공제를 알아볼까요?

- 근로소득이 있는 거주자로서 특별세액공제(보험료, 의료비, 교육비, 기부금), 특별소득공제, 월세세액공제를 신청하지 않은 사람은 연 13만원이 세액공제 됩니다.
- 소득세법상 성실신고사업자로 조세특례제한법에 따른 의료비, 교육비 세액공제 신청을 하지 않은 경우, 연 12만원이 세액공제 됩니다.
- 근로소득이 없는 거주자로서 종합소득이 있는 사람에 대해서는 연 7만원을 종합소득세 산출세액에서 공제합니다.

06
증빙불비가산세

　3만원 이상의 비용(접대비는 1만원)은 세법에서 인정하는 적격증빙을 수취해야 비용으로 인정됩니다.

　적격증빙을 수취하지 못하고 소명용증빙만 갖추어도 비용으로 인정받을 수는 있으나 증빙불비가산세 2%를 부담해야 합니다.

　그리고 영수증수취명세서라는 서식을 작성해서 종합소득세 신고 시 제출해야 합니다.

　만약 서식을 제출하지 않으면 1%의 가산세가 부과됩니다.

　이는 개인사업자에게만 해당되며 법인은 제출 의무가 없습니다.

초보사장님 초기자본이 부족해 인테리어를 하고 세금계산서를 안 받았는데 어떤 문제가 발생할까요?

인테리어 비용을 세법상 비용으로 인정받으려면 세금계산서, 신용카드, 현금영수증 등의 증빙이 있어야 합니다.

부가가치세를 지불하지 않고 세금계산서를 받지 않았다면 세법에 따라 2%의 증빙불비가산세를 납부하고 경비처리를 할 수는 있습니다. 이때에도 계약서, 거래 이체내역 등의 소명용 증빙은 있어야 합니다.

초보사장님 증빙불비가산세를 납부하지 않아도 되는 경우가 있나요?

해당 과세기간에 신규로 사업을 개시한 자, 직전 과세기간의 수입금액이 4800만원에 미달하는 경우에는 증빙불비가산세를 부담하지 않아도 됩니다. 이 경우에도 사업용 지출임을 증명하는 소명용증빙은 가지고 있어야 합니다.

신고불성실가산세

초보사장님 작년에 식당을 오픈했는데, 매일 매일이 적자입니다. 돈을 벌자고 식당을 차렸는데 되레 손해만 본 것 같네요. 이익이 없는 것 같아서 소득세 신고조차 하지 않았습니다. 문제가 될까요?

창업자 대부분이 창업 첫해에는 투자한 비용이 많으므로 손해를 볼 수 있으며, 이익이 발생하지 않았다면 세금을 납부하지 않습니다. 그러나 손해를 보았다는 것을 증빙을 통해 신고해야 합니다.

소득세 신고를 하지 않으면 미신고자로 분류됩니다. 신고하지 않더라도 세무서에서 즉시 연락이 오지는 않습니다. 보통 신고하는 날을 기준으로 3~4년이 경과할 즈음에 연락이 옵니다(참고로 국세부과제척기간은 5년입니다).

만약 납부 세금이 100만원이라고 가정하고 신고를 안 했다면, 신고 마감 시간에서 1초만 경과해도 20만원의 무신고 가산세가 부과됩니다. 더불어 하루에 250원 씩 가산세가 추가됩니다. 무신고 기간 동안 고금리의 이자가 불어난다고 생각하면 됩니다.

신고불성실가산세는 아래와 같습니다.

1. 무신고가산세

사업자가 신고기한 내에 과세표준신고서를 제출하지 않은 경우에 부과됩니다.

- 일반무신고가산세 = 무신고납부세액 × 20%
- 부정무신고가산세 = 무신고납부세액 × 40%

복식부기의무자는 위의 금액과 수입금액 × 0.07%(부정무신고는 0.14%) 중 큰 금액으로 부과됩니다.

초보사장님 부정한 방법이란 구체적으로 무엇인가요?

아래와 같습니다.

이중장부 작성 등 거짓 기장, 거짓증빙 또는 거짓문서의 작성, 거짓증빙 등의 수취(허위임을 알고 수취한 경우), 장부와 기록의 파기, 재산을 은닉하거나 소득(수익) 거래의 조작 또는 은폐, 전시적 기업지원관리설비의 조작 또는 세금계산서의 조작, 그 밖에 위계에 의한 행위 또는 부정한 행위

2. 납부불성실가산세

사업자가 세금을 납부하지 않거나 내야 할 세금에 미달하게 납부한 경우 또는 환급받은 세액을 초과하여 환급받은 경우에 부과됩니다.

- 납부불성실가산세 = 무납부(과소납부) 세액 × 0.025% × 경과일수
- 환급불성실가산세 = 초과하여 환급받은 세액 × 0.025% × 경과일수

경과일수는 납부 기한(환급받은 날) 다음 날부터 자진납부일 또는 납세고지일까지의 일수입니다.

국세청에 세금을 신고하는 과정에서 실수가 있었다면, 빨리 수정신고를 해야 가산세를 감면받을 수 있습니다.

 6개월 이내에 바로잡으면 가산세(본세의 10%)의 50%가 감면되고, 1년 이내에는 20%, 2년 이내에는 10%의 가산세가 감면됩니다.

 세금을 1000만원 덜 낸 사실을 알고도 가만히 있으면 100만원의 과소신고가산세를 내야 하지만, 6개월 이내에 신고하면 50만원으로 줄어듭니다.

 국가로서는 정확한 세금을 이른 시간에 확정하니 좋고, 납세자는 가산세를 절감하니 서로 이익입니다.

 수정신고를 일찍 하는 것도 절세의 한 방법입니다.

무기장가산세

무기장가산세는 수입금액이 연 4800만원이 넘는 사업자가 장부를 기록하지 않은 경우에 산출세액의 20%를 가산세로 부과하는 것을 말합니다.

수입금액이 연 4800만원 미만인 사업자는 장부를 기록하지 않아도 불이익이 없으나, 이 금액을 초과하는 사업자는 무기장가산세를 부담해야 합니다.

기준경비율을 적용받는 사업자 중 4800만원 이상 수입금액이 발생했다면 무기장가산세 20%가 발생합니다.

무기장가산세의 계산법은 다음과 같습니다.

$$\text{무기장가산세} = \text{산출세액} \times \frac{\text{무(미달)기장 소득금액}}{\text{종합소득금액}} \times 20\%$$

　무신고 가산세, 과소신고 가산세와 무기장가산세가 동시에 발생한다면 그중 큰 금액에 해당하는 가산세를 적용합니다.

　원칙적으로는 추계신고를 하면 무기장가산세가 발생합니다.

　하지만 신규사업자나 계속사업자인데 직전 연도 수입금액이 4800만원 미만이라면 장부를 작성하지 않아도 가산세를 물지 않습니다.

09

세액감면 및 세액공제
중복적용 배제

소득세에 대한 세액감면 및 세액공제 제도는 과세표준에 세율을 곱한 산출세액에서 특정한 사유에 해당되는 경우, 일정한 금액을 감면 또는 공제해주는 것을 말합니다.

대표적인 세액감면 규정으로는 중소기업을 대상으로 하는 조세특례인 '중소기업에 대한 특별세액감면' 및 '창업중소기업에 대한 소득세 감면' 등이 있습니다.

세액공제의 내용은 조세특례제한법에서 규정하고 있으며, '연구인력개발비용에 대한 세액공제', '고용창출과 관련한 세액공제', '투자와 관련한 세액공제' 등이 있습니다.

조세특례제한법에서 감면 대상 업종을 정하여 두고 있으므로 이에 해당하는 업종인지 확인해야 합니다.

가령 의원은 중소기업에 대한 특별세액감면은 적용받을 수 없으나 '중소기업 고용증가 인원에 대한 사회보험료 세액공제' 또는 고용창출투자 세액공제는 적용받을 수 있습니다.

그러나 중복적용 배제 규정에 의해 사회보험료 세액공제와 고용창출투자 세액공제를 동시에 적용받을 수 없기에, 이 중 유리한 세액공제를 선택하는 것이 중요합니다.

 초보사장님 중복적용 배제 항목이 어떻게 되나요?

 조세특례제한법에서 규정한 아래의 감면 또는 세액공제를 받을 수 있는 경우에도 그중 하나만을 선택해야 합니다.

제6조 창업중소기업에 등에 대한 세액감면

제7조 중소기업에 대한 특별세액감면

제63조 수도권 과밀억제권역의 지역이전중소기업에 대한 세액감면

제64조 농공단지입주기업 등에 대한 세액감면

제24조 생산성향상시설투자에 대한 세액공제

제25조의2 에너지절약투자에 대한 세액공제

제25조 고용창출투자세액공제

제30조의4 중소기업 고용증가 인원에 대한 사회보험료 세액
   공제

　세액감면은 감면소득에 대해 감면을 받는 것이므로 과세소
득이 있으면 소득구분계산서를 작성하여 감면소득에 상당하는
세액만 감면받아야 합니다.

11월달은 개인사업자 종합소득세 예정고지, 납부가 있는 달입니다.

고지서는 10월 말이나 11월 초에 받게 됩니다.

부가가치세와 종합소득세는 확정고지와 예정고지가 있습니다.

종합소득세 예정고지는 5월 신고한 종합소득세의 절반을

11월 30일까지 납부하는 것입니다.

그리고 다음 해 5월 종합소득세 확정신고 시

11월에 기납부한 예정고지 금액을 뺀 금액을 납부하게 됩니다

chapter 6

종합소득세 납부

01

종합소득세 환급, 분납

초보사장님 종합소득세도 환급이 되나요?

미리 납부한 세금(기납부세액)이 계산된 세금보다 크다면 환급이 발생합니다.

예를 들면, 프리랜서 사업소득(3.3% 원천징수), 기타소득 또는 종합소득세 중간 예납분 등이 계산된 세금보다 큰 경우에는 환급이 됩니다.

초보사장님 환급금은 언제 받을 수 있나요?

종합소득세 신고기한(매년 5월 31일) 이후 30일 이내에 관할 세무서에서 환급을 실시합니다.

초보사장님 종합소득세가 2000만원이 넘게 나왔습니다. 통장에 그만큼의 돈도 없고 고민입니다. 방법이 있나요?

종합소득세 납부 세액이 1000만원을 초과하면 분할 납부가 가능합니다.

분납은 종합소득세 납부 기한으로부터 2개월 이내에 해야 합니다. (일반사업자는 7월 31일까지, 성실신고 대상자는 8월 31일까지 입니다.)

가령 납부 세액이 1500만원이라면 1000만원은 5월 31일까지 납부해야 하고, 나머지 500만원은 7월 31일까지 납부해야 합니다.

납부 세액이 2500만원이라면 1250만원(1000만원을 초과한 경우에는 납부 세액의 50%를 납부해야 합니다)은 5월 31일까지, 나머지 1250만원은 7월 31일까지 납부해야 합니다.

결손금 소급공제에 의한 환급

　종합소득세 신고 시 결손금이 발생한 경우에는 직전 과세기간의 사업소득에 부과된 소득세액을 한도로 결손금 소급공제 세액을 환급받을 수도 있습니다.

　결손금 소급공제란 결손금이 발생한 과세기간과 그 직전 과세기간의 소득세 신고기한까지 신고한 경우에 한합니다.

환급세액 계산법(아래 두 가지의 경우 중에 적은 금액이 환급됩니다)

1. 직전 과세기간의 결정세액
2. 직전 과세시간의 산출세액: 소급공제 후 직전 과세기간의 종합소득 산출세액

예를 들면, 2019년 과세표준 금액이 1000만원이었고 산출세액은 60만원, 세액공제를 20만원 받아서 결정세액은 40만원, 2020년 결손금이 800만원 발생하였다고 가정하여 계산해 볼까요.

1. 직전 과세기간의 결정세액: 40만원
2. 직전 과세시간의 산출세액: 소급공제 후 직전 과세기간의 종합소득 산출세액

   60만원 − (1000만원 − 800만원) × 6% = 48만원

둘 중 적은 금액은 1번이므로 40만원이 환급액이 됩니다.

종합소득세 예정고지 납부

　11월달은 개인사업자 종합소득세 예정고지, 납부가 있는 달입니다.

　고지서는 10월 말이나 11월 초에 받게 됩니다.

　부가가치세와 종합소득세는 확정고지와 예정고지가 있습니다.

　종합소득세 예정고지는 5월 신고한 종합소득세의 절반을 11월 30일까지 납부하는 것입니다. 그리고 다음 해 5월 종합소득세 확정신고 시 11월에 기납부한 예정고지 금액을 뺀 금액을 납부하게 됩니다.

종합소득세 예정고지 대상

- 종합소득이 있는 거주자
- 국내 원천 소득이 있어 종합과세가 되는 비거주자

단, 이자 · 배당, 근로소득 등 원천징수 되는 소득만 있거나, 중간예납 세액이 30만원 미만일 경우 대상에서 제외됩니다.

종합소득세 예정고지 분납 방법

- 세액 금액 2000만원 이하: 1000만원을 초과하는 금액은 다음 해 1월 말까지 분납 가능
- 세액 금액 2000만원 초과: 고지된 세액의 50% 이하의 금액을 다음 해 1월 말까지 분납 가능

만약 예정고지 세액이 3000만원이라면 우선 11월 말까지 50%를 초과하는 금액을 납부해야 합니다. 50%로 계산했을 때 1500만원을 11월 30일까지 납부하고, 나머지 1500만원은 내년 1월 말까지 납부하면 됩니다.

초보사장님 종합소득세 중간예납 고지를 받았는데, 사업이 부진해 작년과 비교해 매출이 반 토막 이상 났습니다. 중간예납 고지 세액이 1000만원도 넘게 나왔는데 어떻게 하나요?

종합소득세 중간예납은 중간예납기준액(5월 납부한 종합소득세)의 2분의 1에 상당하는 금액을 11월 1일부터 15일 사이에 고지합니다.

사장님처럼 전년도와 비교해서 사업부진 등의 사유로 중간예납기간(1월 1일부터 6월 30일)의 종합소득금액에 대한 소득세액, 즉 중간예납추계액이 중간예납기준액의 30%에 미달하는 경우, 중간예납추계액을 중간예납세액으로 관할 세무서장에게 신고할 수 있습니다.

중간예납추계액을 신고하려면 중간예납기간분에 대한 소득금액을 계산해야 하는데, 장부를 근거로 계산합니다.

중간예납추계액 신고는 11월 1일부터 11월 30일까지의 기간 내에 해야 합니다. 신고할 때는 중간예납추계액의 산출 근거를 기재한 서류를 첨부해야 합니다.

중간예납추계액 신고를 하면 고지된 중간예납세액은 없었던 것으로 간주합니다. 그러므로 사업 실적이 부진하다면 중간예납추계액 신고를 하는 것이 좋습니다.

세금 소멸시효

세법에서는 일정 기간이 지난 세금은 부과할 수 없도록 하는 국세부과제척기간을 두고 있습니다. 국세부과제척기간이 지난 후에는 국세를 부과할 수 없으므로 과세권이 없어집니다.

국세부과제척기간은 일반적으로 5년이나 납세자가 법정신고 기한까지 과세표준을 제출하지 않았을 경우에는 7년, 사기 같은 부정행위로 국세를 포탈하거나 환급을 받은 경우에는 10년까지 연장됩니다.

상속, 증여세는 다른 세목보다 국세부과제척기간이 깁니다 (일반적으로는 10년이고 무신고, 허위신고, 누락신고는 15년입니다).

초보사장님 국세부과제척기간이 지난 이후에는 미납 세금을 낼 필요가 없나요?

 네. 미납 세금은 자동으로 소멸됩니다.

그러나 상속세와 증여세에 대해서는 포탈세액의 산출기준이 되는 재산가액이 50억원을 초과한 경우에 별도의 규정을 적용할 수 있습니다.

 초보사장님 소멸시효와 세금액수가 상관이 있나요?

 액수로 시효를 적용하지는 않습니다.

단, 탈루 금액의 고의성 여부에 따라 조세범처벌법에 따라 처벌받을 수 있습니다.

 초보사장님 세금을 내지 않으면 가족에게 부과할 수 있나요?

 가족이라는 이유로 미납 세금을 대신 납부할 의무는 없습니다. 민법에서는 자기명의로 취득한 재산을 특유재산으로 인정하고 특유재산은 부부가 각자 관리, 수익하는 제도를 채택하고 있습니다.

세금을 부과하려면 세무조사가 선행되어야 합니다.

그런 이유로 국세부과제척기간은 국세청이 세무조사를 할 수 있는 기간이라고 봐도 무방합니다.

초보사장님 전자제품 대리점을 하다 거래처 부도로 3년 전 갑작스럽게 폐업을 했습니다. 당시에는 경황이 없어서 부가가치세, 종합소득세 신고를 하지 못했습니다. 세금을 안 내도 되는 건가요?

국가에서 세금을 고지했는데 납세자의 재산이 없는 등의 사유로 세금을 징수할 수 없으면 체납 세금으로 남게 됩니다.

이때 국가가 독촉, 납부최고, 교부청구 등 세금을 징수하기 위한 조치를 일정 기간 동안 하지 않으면 세금을 징수할 권리가 소멸하는데, 이를 '국세징수권리 소멸시효'라고 합니다.

국세징수권은 이를 행사할 수 있는 때로부터 5년(5억원 이상은 10년)간 행사하지 않으면 소멸됩니다.

초보사장님 그럼 소멸시효의 시작일은 어떻게 되나요?

납세자가 신고는 했으나 납부를 하지 못한 경우에는 신고, 납부 기간의 다음 날부터 시작합니다.

그러나 사장님처럼 신고를 하지 않으면 무신고 세액을 정부가 결정해서 납세고지를 하므로 그 납부 기한의 다음 날부터 시작합니다.

만약 세무서에서 중간에 납세의 고지, 독촉, 납부최고 및 압류 등의 조치를 취한 경우에는 그때까지 진행되어 온 시효기간은 효력을 잃게 됩니다. 이런 경우에는 고지, 독촉, 납부최고에 의한 납부 기간 또는 압류해제까지의 기간이 경과한 때로부터 다시 5년이 경과되어야 소멸시효가 완성됩니다.

개인사업자 명의 대여

　명의를 빌려주었다가 낭패를 당하는 일이 이따금 있습니다.

　명의를 빌려 주었는데 명의자의 소득이 증가하면 국민연금이나 건강보험료의 부담도 늘어나게 됩니다.

　사업이 잘못돼 실제 사업을 한 사람이 세금을 못 내면 사업자등록상의 명의자(명의를 빌려준 사람)에게 세금이 부과되고, 체납처분도 집행되기에 명의를 빌려줌으로써 생기는 불이익은 생각 외로 큽니다.

　불가피하게 명의를 빌려주어야 하는 경우라면, 관련 내용을 기재한 계약서를 작성해 공증을 받아놓아야 합니다. 추후 문제가 발생했을 때 내용을 소명하는 데 도움이 될 수 있습니다.

세금이 체납되었는데 명의 대여자가 자신은 명의만 빌려주었다는 사실을 입증할 수 있으면, 실제로 사업을 한 사람에게 체납 세금을 부과할 수 있습니다. 이를 '실질과세원칙'이라 합니다.

그러나 문제는 명의 대여자가 사업과 전혀 관련이 없다는 사실을 입증하기가 쉽지 않다는 것입니다.

실제 사업자가 본인이 실제 사업자임을 인정한 녹취록, 실제 사업자가 명의 대여자의 체납 세금을 일부 납부한 기록 등을 통해 명의 대여자가 사업과 관련이 없다는 사실을 인정받은 사례가 있습니다.

운이 좋아 실질 사업자가 밝혀져서 세금은 내지 않게 되었다 하더라도, 명의 대여자는 조세범처벌법에 의해 처벌받을 수 있습니다. 또한 명의를 대여한 사실은 국세청 전산망에 기록, 관리되기 때문에 나중에 사업을 하려고 할 때 불이익을 받을 수도 있습니다.

부당행위계산 부인

초보사장님 부모님이 소유한 건물의 1층에서 커피숍을 하고 있습니다. 고맙게도 부모님이 무상으로 임대해줘서 사용 중입니다. 그런데 세무서에서 무상으로 임대한 기간에 대한 임대료를 주변 시가로 책정해 세금을 징수한다고 합니다.

조세 회피를 방지하고 세부담을 공평하게 하기 위한 목적으로 만든 '부당행위계산 부인'이란 제도가 있습니다.

배당소득(출자공동사업자 배당소득만 해당), 사업소득, 기타소득이 있는 자가 특수관계에 있는 자와의 거래를 이용해 해당소득의 조세 부담을 부당하게 감소시킨 것으로 인정되는 때는 사업자의 행위 또는 회계처리가 법률적으로나 기업회계기준상 잘못이 없어도 이를 부인하고 세법에 따라 소득금액을 계산하는 것을 말합니다.

부당행위계산에 해당하는 경우, 시가와의 차액을 소득금액에 가산합니다. 시가란 당해 거래와 유사한 상황에서, 특수관계인 외의 불특정다수인과 계속적으로 거래한 가격 또는 특수관계인이 아닌 제3자 간 일반적으로 거래되는 가격을 말합니다.

 초보사장님 특수관계인이란 어디까지의 범위를 말하는 건가요?

 특수관계인의 범위는 아래와 같습니다.

- 혈족, 인척 등 대통령령으로 정하는 친족 관계: 6촌 이내의 혈족, 4촌 이내의 친척, 배우자(사실상의 혼인 관계에 있는 자를 포함), 친생자로서 다른 사람에게 친양자, 입양된 자 및 그 배우자, 직계비속
- 임원, 사용인 등 대통령령으로 정하는 경제적 연관 관계: 임원과 그 밖의 사용인, 본인의 금전이나 그 밖의 재산으로 생계를 유지하는 자와 생계를 함께 하는 친족
- 주주, 출자자 등 대통령령으로 정하는 경영지배 관계: 본인이 직접 또는 그 외 친족 관계 또는 경제적 연관 관계에

있는 자를 통해 법인의 경영에 지배적인 영향력을 행사하고 있는 경우 그 법인, 본인이 직접 또는 그 외 친족 관계나 경제적 연관 관계 또는 가족의 관계에 있는 자를 통하여 법인의 경영에 지배적인 영향력을 행사하고 있는 경우 그 법인

경정청구

 초보사장님 저는 회계사무실에 따로 기장을 맡기는데요. 회계사무실에서 사업자카드를 홈택스에 등록해달라고 했는데 깜빡하고 등록하지 않았습니다. 그래서 이번 부가세 신고 시 500만원도 넘는 금액이 매입에서 제외됐어요. 세무사무실에서는 종소세를 신고할 때 따로 비용처리 받을 수 있다고 하는데 맞는 건가요?

홈택스에 신용카드등록을 하지 않아도 부가가치세 매입세액공제는 가능합니다. 매입 신용카드 내역을 고용한 세무대리인에게 제출하면 되는데, 사업자가 무엇을 제출하는지도 모르니 생긴 결과입니다.

세무대리인 역시 매입이 빠진 것이 없나 더 체크했어야 하는데 이 역시도 잘못입니다.

누구 탓을 하는가가 중요한 것이 아니고 세금을 더 많이 납부했으면 돌려받으면 됩니다.

그래서 경정청구가 있습니다. 신고기한 내에 세금 신고를 했는데, 과세표준 및 세금이 과다하게 신고되었다면 신고기한 경과 후 5년 이내에 경정청구를 해서 세금을 돌려받을 수 있습니다.

종합소득세 신고 시 부양가족을 누락하는 경우가 많은데, 이때도 경정청구를 통해 세금을 돌려받을 수 있습니다.

수정신고와 다른 점은 과세관청의 확인 과정을 거쳐야 한다는 것입니다.

또 세무조사 등을 받고 추징당했는데, 그중 일부에 대해 경정청구를 해야 한다면 90일 기간을 반드시 준수해야 합니다.

경정청구를 해서 부가가치세 초과 납부 금액을 돌려받더라도 종합소득세 필요경비처리는 가능합니다.

08

납부기한연장 신청

 초보사장님 주 거래처가 수금도 해주지 않고 갑자기 폐업을 해버렸습니다. 수금할 금액이 제법 되는데, 수금을 받지 못하니 납부해야 할 세금도 없네요. 어떻게 하면 좋을까요?

 세금 낼 돈이 없다고 해서 아무런 조치도 취하지 않고 세금을 납부하지 않으면, 그에 따른 가산세만 늘어나 더 부담이 커집니다.

납부해야 할 세금이 자진신고납부분이라면, 사업이 어려워지는 등의 일정한 사유에 해당했을 경우 납부기한연장 신청이 가능합니다.

납부기한연장 신청을 하면 3개월에서 최대 9개월까지 납부기한을 연장할 수 있습니다.

이런 납부기한연장 신청은 신고납부기한 3일 전까지 해야 하며, 혹 3일 전까지 신청할 수 없는 정당한 사유가 있다면 신고납부 기한일까지 신청 가능합니다.

납부기한연장 신청을 하려면 연장하려는 사유에 관련된 자료와 신청서를 관할세무서에 제출하고, 관할세무서에서는 사유에 따라 담보제공을 요구하거나 사업체의 현황 등을 판단해 승인 및 거부에 관한 통지를 합니다.

납부기한을 연장할 수 있는 사유는 아래와 같습니다.

- 천재, 지변이 발생한 경우
- 납세자가 화재 등의 재해를 입거나 도난을 당한 경우
- 납세자 또는 그 동거가족이 질병이나 중상해로 6개월 이상의 치료가 필요하거나 사망하여 상중인 경우
- 사업에서 심각한 손해를 입거나, 그 사업이 중대한 위기에 처한 경우
- 납세자의 형편, 경제적 사정 등을 고려하여 기한의 연장이 필요하다고 인정되는 경우

세무조사를 받거나 세무서에서 발부한 납세고지분이라면 징수유예라는 제도가 있습니다.

납세고지서의 납부기한 3일 전까지 관할 세무서에 징수유예 신청서를 제출함으로써 납부를 연기할 수 있습니다.

징수유예 사유는 아래와 같습니다.

- 재해 또는 도난으로 재산에 심각한 손실을 본 경우
- 사업에 현저한 손실을 본 경우
- 사업이 중대한 위기에 처한 경우
- 납세자 또는 그 동거가족의 질병이나 중상해로 장기치료가 필요한 경우

징수유예 기간은 유예한 날의 다음 달부터 9개월 이내입니다.

신청서를 제출하면 관할세무서 담당자가 규정을 검토하고 확인합니다. 납부기한 연장과 징수유예가 거부되거나 본인이 원하는 기간보다 연장 기간이 줄어서 승인이 나기도 합니다. 심지어는 취소될 수도 있습니다.

사업을 하다 보면 어려워질 때도 있습니다. 그러면 세금조차 부담이 됩니다.

이럴 때는 꼭 신고 3일 전까지 관할세무서를 방문해 담당직원에게 최대한 협조적으로 얘기하고, 성실히 납부하겠다는 의

지를 보여주면 신청이 받아들여질 수도 있습니다.

공무원을 상대할 때 아는 척은 절대 금지입니다. "난 아무것도 모르는데 어디서 들었습니다. 되기만 한다면 꼭 성실히 납부할 테니 해주실 수 있는 만큼 최대한 길게 해주세요. 부탁드립니다." 이런 식으로 부탁하면 연장신청을 들어줄 확률이 매우 높습니다.

5년마다 사업자를 바꿔라?

 초보사장님 사업한 지 5년 이상 되면 세무조사가 나온다고 해요. 그래서 기존 사업자를 폐지하고 다른 사업자를 낼까 고민 중입니다.

결론부터 얘기하면 낭설입니다.

개인사업자는 정기 세무조사를 하지 않습니다. 국세청의 기본 방침은 소규모 사업자의 원활한 영업 활동을 지원하고 행정력 낭비를 막고자 정기 세무조사를 하지 않는다는 것입니다.

세무조사 방법에는 일반조사, 심층조사, 추적조사, 확인조사, 긴급조사, 서면조사 등이 있습니다. 그리고 기간으로 구분하면 정기조사와 수시조사가 있습니다.

정기조사는 매출액(연간 수입금액 500억원 이상)을 기준으로 대기업과 중견기업을 대상으로 하기에 개인사업자는 해당 사항이 없습니다.

개인사업자의 세무조사는 내부자에 의한 고발, 사업자의 잘못으로 수시조사가 나오는 것이며, 대부분 국세청이나 관할 세무서 직원이 방문 조사를 나오지 않고, 어떤 사안에 대해 소명자료를 요청하는 서면조사가 대부분입니다. 드러난 매출의 과소신고, 불공제 매입의 매입세액공제 같은 사안에 대해 소명자료를 요구하는 것입니다.

많은 사업주들이 소명자료 제출을 요구받으면 일단 당황해서 고용한 세무대리인에게 의존합니다. 그런데 거래하는 회계사무실에서 소명하지 않거나, 잘못된 장부 기장이라고 소명할 생각은 하지 않고 처음부터 "그냥 요구하는 대로 주는 게 편합니다"라고 말하는 경우를 종종 보게 됩니다.

계속 얘기하는 부분입니다. 사업자가 세무대리인과 소통 가능한 정도의 세무 상식은 갖추어야 합니다. 약간의 세무 상식만 가지고 있어도 소명이 들어온 이유를 정확히 파악해서 잘못한 부분은 시인하고, 잘못하지 않은 부분이 있으면 적극적으로 소명할 수 있습니다. 소명자료 제출을 요구받았다면 당당하게 제출하는 자세가 필요합니다.

이 책을 한 번만 더 읽어보길 권합니다. 그러면 사장님도 고용한 세무대리인과 소통 가능한 정도의 세무 지식이 생겨, 그들을 알고 부릴 수 있게 될 것입니다.

그것이 최고의 절세입니다!

10

탈세 정보 수집, 탈세 제보

국세청은 탈세 제보를 가장 확실하고 직접적인 탈세 정보라고 봅니다. 탈세자의 내용을 잘 아는 지인들이 주로 탈세 제보를 합니다. 이러한 탈세 제보는 포상금 제도와 연결돼 탈세 정보수집에 많은 역할을 합니다.

실례로 한 개인 병원이 탈세 제보로 세무조사를 받았습니다. 해당 병원은 고객으로부터 치료비를 현금으로 받고 그 금액을 여러 개의 차명계좌로 입금한 사실이 발각되었습니다. 단순 매출 누락이 아니라 차명계좌를 사용해 수입금액을 누락시켰으니 탈세에 해당 됩니다. 누가 탈세 제보를 했을까요?

근무태도가 불량하다는 이유로 해고된 간호사였다고 합니다. 그 병원이 차명계좌를 사용한다는 사실을 알고 있던 간호사가 해고에 불만을 품고 제보를 했던 것입니다.

기장을 맡겨야 할까요?
말아야 할까요?

　　1934년 조선소득세령에 의해 처음으로 우리나라에 소득세가
도입되었습니다. 제1종 법인소득세, 제2종 원천과세 되는 법인
과 개인의 이자·배당소득, 제3종은 2종에 속하지 않는 개인소
득으로, 매우 포괄적으로 규정되었습니다.

　　일제에서 해방된 지 4년 만인 1949년에 일반소득세를 소득세
와 법인세로 분리하는 내용으로 소득세법이 개정된 이래, 점차
소득세는 근로소득, 사업소득, 이자소득, 배당소득, 기타소득,

퇴직소득, 양도소득, 산림소득 등 9개 유형별로 나눠 과세했습니다.

1974년에 들어서야 모든 소득을 합산하여 과세하는 종합소득세제도를 도입하기에 이릅니다. 하지만 이자소득이나 배당소득은 여전히 합산과세 대상에서 제외했기에 절름발이 종합과세 방식이었습니다.

그로부터 20년 후 1994년 금융실명제의 실시와 함께 이자·배당소득도 다른 소득과 합산해서 과세하는 틀을 갖추게 되었습니다.

소득세는 우리나라를 비롯한 모든 나라에서 가장 중요한 세금으로 자리 잡고 있습니다.

세무대리인은 세무지식이 없고 업무 때문에 바빠 장부 관리에 소홀한 상태라면 기장료 부담이 있더라도 기장을 맡겨 장부를 작성하는 게 유리하다고 말합니다.

과연 기장을 맡겨야 할까요? 말아야 할까요?

책에서 알아본 것처럼 장부를 작성하면 필요경비가 인정돼 종합소득세는 줄어들게 됩니다. 대부분 장부를 작성해서 신고하는 것이 맞습니다.

그런데 직원 없는 1인 사업장이고 매입도 많이 발생하지 않는 경우라면 세무대리인에게 기장을 맡기는 것이 손해일 수 있습니다.

세무대리인은 마치 기장을 하지 않으면 세금폭탄을 맞을 것처럼 으름장을 놓습니다.

기장을 하지 않아 추계로 소득세를 신고하는 것이 소득세를 조금 더 낸다고 해도 기장료 나가는 것보다 많지 않다면 추계로 신고하는 쪽이 계산상으론 득이 됩니다.

세무대리인을 고용하면 매월 기장료, 종합소득세 신고 시 조정료, 소모품비 등이 나갑니다. 합하면 1년 동안 200만원 정도의 비용이 발생합니다.

만약 추계로 신고하는 것과 기장을 맡겨 신고하는 차이가 200만원 이상이라면 기장을 하는 것이 맞을 것이고 그렇지 않다면 기장을 맡기지 않는 것이 득일 수도 있습니다. 이런 관점에서도 한 번 생각해봐야 하지 않을까요?

단순히 세무대리인에게 지급하는 기장료를 아끼자는 소리가 아닙니다. 어떤 것이 유리한가를 고민해볼 필요가 있다는 뜻입니다. 그러려면 조금의 세무지식이 필요합니다.

이 책을 읽은 사장님이라면 이 정도의 판단은 하고 있다고 자신합니다.

프리랜서 학원 강사와 당구장 운영하시는 사장님

추계 신고 예시입니다

종합소득세
추계신고 예시

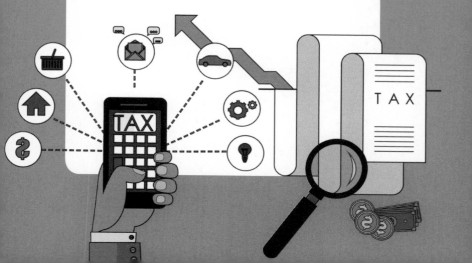

프리랜서 학원 강사
종합소득세 추계신고

A 씨는 프리랜서 학원 강사로 활동 중입니다.

현재 자녀는 없고, 남편은 근로자인 관계로 소득공제를 받을 수 없습니다. 2019년 신고된 수입금액은 3000만원입니다.

학원 강사의 단순경비율은 61.7%입니다. 이렇게 가정하여 추계신고로 신고해 볼까요.

- 직전 연도 수입금액: 2018년 수입금액 2300만원
- 당해년도 수입금액: 2019년 수입금액 3000만원
- 필요경비: 1851만원(3000만원 × 61.7%)
- 소득금액: 1149만원 (소득 = 수입금액 - 필요경비 = 3000만

원 − 1851만원)

- 기납부세액: 90만원(지급받은 강사료 × 3%, 강사료를 지급받을 시 사업소득세로 원천 징수된 세금)
- 소득공제: 본인공제 150만원 + 부녀자공제 50만원 = 200만원 (부녀자공제: 해당 거주자가 배우자가 없는 여성으로서 부양가족이 있는 세대주이거나 배우자가 있는 여성인 경우로서 종합소득금액이 3000만원 이하인 경우에 한하여 50만원을 공제받을수 있습니다.)
- 세액공제: 표준세액공제(특별세액공제와 7만원 중 선택) 7만원 + 전자신고세액공제 2만원 = 9만원
- 종합소득세 계산

  소득금액 − 소득공제(과세표준) = 1149만원 − 200만원 = 949만원

  과세표준 × 세율 = 949만원 × 6% = 56만9400원

  산출세액 − 세액공제 = 56만9400원 − 9만원 = 47만9400원

  기납부세액이 90만원이므로 90만원 − 47만9400원 = −42만600원

학원 강사인 A 씨는 2019년 5월 종합소득세 신고 시 42만600원의 환급이 발생하였습니다.

학원 강사 A 씨의 추계(단순경비율)에 의한 종합소득세 신고서

<table>
<tr><td colspan="9">(2019년 귀속) 종합소득세, 지방소득세 과세표준 확정신고 및 납부계산서
(단일소득 – 단순경비율적용대상자용)</td></tr>
<tr><td rowspan="3">기본
사항</td><td colspan="4">성명</td><td colspan="4">주민등록번호</td></tr>
<tr><td colspan="4">상호</td><td colspan="4">사업자등록번호</td></tr>
<tr><td colspan="4">주소</td><td colspan="4">전자우편주소</td></tr>
<tr><td colspan="3">주소지전화번호</td><td colspan="3">사업장전화번호</td><td colspan="3">휴대폰전화번호</td></tr>
<tr><td rowspan="2">신고
유형</td><td rowspan="2" colspan="2">추계(단순율)</td><td rowspan="2">기장의무</td><td rowspan="2" colspan="2">간편장부대상자</td><td rowspan="2">소득
구분</td><td rowspan="2" colspan="2">부동산임대업의
사업소득
부동산임대업외의
사업소득</td></tr>
<tr></tr>
<tr><td rowspan="2">업종
코드</td><td rowspan="2">940903</td><td rowspan="2">단순경비율 %</td><td>일반율</td><td colspan="2">61.7%</td><td rowspan="2">신고
구분</td><td rowspan="2" colspan="2">정기신고, 수정신고,
기한후신고</td></tr>
<tr><td>자가율</td><td colspan="2"></td></tr>
<tr><td colspan="2">환급금 계좌신고</td><td colspan="3">금융기관 /체신관서명</td><td colspan="2">계좌번호</td><td></td></tr>
</table>

종합소득세의 계산

구분	금액
총수입금액: 매출액을 적습니다 .	30,000,000
단순경비율에 의한 필요경비: 총수입금액 × 단순경비율 (%)	18,510,000
종합소득금액: 총수입금액 – 필요경비	11,490,000
소득공제: 소득공제명세의 공제금액 합계를 적습니다 .	2,000,000

<table>
<tr><td rowspan="3">소득
공제
명세</td><td colspan="5">인적공제 대상자 명세</td><td colspan="3">인적공제</td></tr>
<tr><td rowspan="2">관계
코드</td><td rowspan="2">성명</td><td rowspan="2">내외국인
코드</td><td rowspan="2">주민
등록번호</td><td colspan="2" rowspan="2">구분</td><td rowspan="2">인원</td><td rowspan="2">금액</td></tr>
<tr></tr>
<tr><td></td><td></td><td></td><td></td><td rowspan="3">기본
공제</td><td>본인</td><td></td><td>1,500,000</td></tr>
<tr><td rowspan="6">소득
공제
명세</td><td></td><td></td><td></td><td></td><td>배우자</td><td></td><td></td></tr>
<tr><td></td><td></td><td></td><td></td><td>부양가족</td><td></td><td></td></tr>
<tr><td></td><td></td><td></td><td></td><td rowspan="3">추가
공제</td><td>70세
이상인 자</td><td></td><td></td></tr>
<tr><td></td><td></td><td></td><td></td><td>장애인</td><td></td><td></td></tr>
<tr><td></td><td></td><td></td><td></td><td>부녀자</td><td></td><td>500,000</td></tr>
<tr><td colspan="7">공적연금공제: 국민연금 등 공적연금 불입액을 적습니다 .</td><td></td></tr>
</table>

과세표준: 종합소득금액 − 소득공제		9,490,000
세율		6%
산출세액		569,400
세액공제: 세액공제명세의 합계금액을 적습니다.		90,000
세액 공제 명세	자녀세액공제	
	연금계좌세액공제	
	정치자금기부금 세액공제: 정치자금법에 따라 정당(후원회 및 선 거관리위원회포함)에 기부한 기부금 중 10만원까지는 기부금액 의 100/110을 세액공제 합니다.	
	표준세액공제	70,000
	전자신고세액공제	20,000
결정세액		479,400

학원 강사, 강사, 과외 교습자의 단순경비율은 61.7%를 적용
합니다.

복습하는 의미에서 종합소득세 계산법을 다시 살펴볼까요.

종합소득세 계산 시 필요공식

소득금액 = 수입금액 − 필요경비

위 공식으로 소득을 계산한 후 소득공제를 받습니다.

과세표준 = 소득금액 − 소득공제

과세표준에서 세율을 곱한 후 세액을 산출합니다.

산출세액 = 과세표준 × 세율

산출세액에서 세액공제를 받으면 종합소득세가 결정됩니다.

결정세액 = 산출세액 − 세액공제

하나의 공식으로 정리해보면 아래와 같습니다.

종합소득세 = (수입금액 − 필요경비 − 소득공제) × 세율 − 세액공제 + 가산세

02

당구장을 운영하는 사장님
추계신고

　　B 씨는 당구장을 운영 중입니다.

　　결혼하지 않은 단독세대입니다. 2019년 신고된 수입금액은 5000만원입니다.

　　스포츠서비스업의 단순경비율은 71.8%라고 가정하여 추계신고로 신고해 볼까요.

- 직전 연도 수입금액: 2018년 수입금액 2000만원
- 당해 연도 수입금액: 2019년 수입금액 5000만원
- 필요경비: 3590만원(수입금액 × 단순경비율 = 5000만원 × 71.8%)

- 소득금액: 1410만원(소득금액 = 수입금액 − 필요경비 = 5000만원 − 3590만원)
- 소득공제: 본인공제 − 150만원
- 산출세액 = 과세표준(소득금액− 소득공제) × 세율 = 1260만원 × 6% + 60만원 × 15% = 81만원(1200만원을 초과한 60만원의 세율은 15%입니다.)
- 세액공제: 전자신고세액공제 − 2만원
- 결정세액 = 산출세액 − 세액공제 = 81만원 − 2만원 = 79만원

당구장을 운영하는 B 씨는 2020년 5월에 종합소득세 79만원을 신고, 납부하면 됩니다.

부동산 / 재테크 / 창업

장인석 지음 | 17,500원
344쪽 | 152×224mm

| 당신이 모르는 부동산 투자를 해야 돈을 번다
롱텀 부동산 투자 58가지

이 책은 현재의 내 자금 규모로, 어떤 위치의 부동산을 언제 살 것인가에 대한 탁월한 분석을 펼쳐보여 준다. 동시에 '어떻게' 그것을 가능하게 할 것인가의 방법론에 대한 신박한 제안을 하고 있다. 월세탈출, 전세탈출, 무주택자 탈출을 꿈꾸는, 꼬박꼬박 월세 받으며 여유로운 노후를 보내고 싶은 사람들을 위한 확실한 부동산 투자 지침서가 되기에 충분하다.

나창근 지음 | 15,000원
302쪽 | 152×224mm

| 나의 꿈,
꼬마빌딩 건물주 되기

'조물주 위에 건물주'라는 유행어가 있듯이 건물주는 누구나 한 번은 품어보는 달콤한 꿈이다. 자금이 없으면 건물주는 영원한 꿈일까? 저자는 현재와 미래의 부동산 흐름을 읽을 줄 아는 안목과 자기 자금력에 맞춤한 전략, 꼬마빌딩을 관리할 줄 아는 노하우만 있으면 부족한 자금을 충분히 상쇄할 수 있다고 주장한다. 또한 액수별 투자전략과 빌딩 관리 노하우 그리고 건물주가 알아야 할 부동산지식을 알기 쉽게 설명한다.

박갑현 지음 | 14,500원
264쪽 | 152×224mm

월급쟁이들은 경매가 답이다
1000만 원으로 시작해서 연금처럼 월급받는 투자 노하우

경매에 처음 도전하는 직장인의 눈높이에서 부동산 경매의 모든 것을 알기 쉽게 풀어낸다. 일상생활에서 부동산에 대한 감각을 기를 수 있는 방법에서부터 경매용어와 절차를 이해하기 쉽게 설명하며 각 과정에서 꼭 알아야할 중요사항들을 살펴본다. 경매 종목 또한 주택, 업무용 부동산, 상가로 분류하여 각 종목별 장단점, '주택임대차보호법' 등 경매와 관련되어 파악하고 있어야 할 사항들도 꼼꼼하게 짚어준다.

나창근 지음 | 17,000원
332쪽 | 152×224mm

초저금리 시대에도 꼬박꼬박 월세 나오는
수익형 부동산

현재 (주)리치디엔씨 이사, (주)머니부동산연구소 대표이사로 재직하면서 [부동산TV], [MBN], [한국경제TV], [KBS] 등 방송에서 알기 쉬운 눈높이 설명으로 호평을 받은 저자는 부동산 트렌드의 변화와 흐름을 짚어주며 수익형 부동산의 종류별 특성과 투자노하우를 소개한다. 여유자금이 부족한 투자자도, 수익형 부동산이 처음인 초보 투자자도 확실한 목표를 설정하고 전략적으로 투자할 수 있는 혜안을 얻을 수 있을 것이다.

권호 지음 | 15,000원
328쪽 | 133×190mm

알아두면 정말 돈 되는
신혼부부 금융꿀팁57

꿀 떨어지는 신혼도 돈 떨어지면 슬프다. 알뜰도 좋지만 똑똑한 게 더 우월하다. 신혼부부와 청춘들이 바로 써먹을 수 있는 금융지식, 최소 3년은 끼고 봐야 할 재테크 교과서! 통장, 신용카드 선택과 은행관리법은 기본, 주택청약, 자동차·실손·생명보험 야무지게 골라 들기, 출산·육아지원 혜택까지 꼼꼼히 챙겨 알아두면 정말 돈 된다.

주식/금융투자

북오션의 주식·금융 투자부문의 도서에서 독자들은 주식투자 입문부터 실전 전문투자, 암호화폐 등 최신의 투자흐름까지 폭넓게 선택할 수 있습니다.

박대호 지음 | 20,000원
200쪽 | 170×224mm

고양이도 쉽게 할 수 있는
가상화폐 실전매매 차트기술

이 책은 저자의 전작인 《암호화폐 실전투자 바이블》을 더욱 심화시킨, 중급 이상의 투자자들을 위한 본격적인 차트분석서이다. 가상화폐의 차트의 특성을 면밀히 분석하고 독창적으로 체계화해서 투자자에게 높은 수익률을 제공했던 이론들이 고스란히 수록되어 있다. 이 책으로 가상화폐 투자자들은 '코인판에 맞는' 진정한 차트분석의 실제를 만나 볼 수 있다.

박대호 지음 | 20,000원
200쪽 | 170×224mm

개념부터 챠트분석까지
암호화폐 실전투자 바이블

고수익을 올리기 위한 정보취합 및 분석, 차트분석과 거래전략을 체계적으로 설명해준다. 투자자 사이에서 족집게 과외·강연으로 유명한 저자의 독창적인 차트분석과 다양한 실전사례가 성공투자의 길을 안내한다. 단타투자자는 물론 중·장기투자자에게도 나침반과 같은 책이다. 실전투자 기법에 목말라 하던 독자들에게 유용할 것이다.

박병창 지음 | 18,000원
288쪽 | 172×235mm

현명한 당신의
주식투자 교과서

"기본 없이는 절대 성공할 수 없다." 주식투자교육 전문가인 저자는 시간을 지평으로 삼아 세 가지 투자 방식을 말해준다. 단기, 중단기, 중장기. 이 세 가지 시간의 지평 속에서 각각 다른 투자 방식을 취하고, 자신만의 투자 스타일을 찾아 그것을 지키면 어떤 시황 속에서도 수익을 낼 수 있다는 주장이다. 주식교과서란 말이 허언이 아닌 이유다.

최기운 지음 | 18,000원
424쪽 | 172×245mm

10만원으로 시작하는
주식투자

4차산업혁명 시대를 선도하는 기업의 주식은 어떤 것들이 있을까? 이제 이 책을 통해 초보투자자들은 기본적이고 다양한 기술적 분석을 익히고 그것을 바탕으로 향후 성장 유망한 기업에 투자할 수 있는 밝은 눈을 가진 성공한 가치투자자가 될 수 있다. 조금 더 지름길로 가고 싶다면 저자가 친절하게 가이드 해준 몇몇 기업을 눈여겨보아도 좋다.

곽호열 지음 | 20,000원
260쪽 | 172×235mm

초보자를 실전 고수로 만드는
주가차트 완전정복 전면개정판

이 책은 주식 전문 블로그 〈달공이의 주식투자 노하우〉의 운영자 곽호열이 예리한 분석력과 세심한 코치로 입문하는 사람은 물론 중급자들이 놓치기 쉬운 기술적 분석을 다양하게 선보인다. 상승이 예상되는 관심 종목 분석과 차트를 통한 매수·매도타이밍 포착, 수익과 손실에 따른 리스크 관리 및 대응방법 등 주식시장에서 이기는 노하우와 차트기술에 대해 안내한다.